黑龙江
黑龙江
松花江
哈尔滨
长春
吉林
内蒙古自治区
沈阳
北京市
辽宁
朝鲜
呼和浩特
恒山
渤海
天津市
河北
银川
太原
石家庄
韩国
山西
济南
泰山
山东
黄海
日本
陕西
黄河
嵩山
郑州
西安
华山
江苏
河南
合肥
南京
太湖
上海市
安徽
湖北
武汉
黄山
杭州
长江
庐山
鄱阳湖
浙江
重庆市
洞庭湖
东海
南昌
长沙
江西
湖南
贵州
衡山
福建
福州
贵阳
台北
北回帰線
台湾海峡
台湾
广西壮族自治区
广东
南宁
西江
广州
澳门
香港
海口
南海
海南
0
400
800km
45°
40°
135°
35°
30°
25°
130°
20°
110°
115°
120°
125°

# 入門　カレント中国

遠藤光暁　監修
衛榕群　汪暁京　著

朝日出版社

## はじめに

『入門カレント中国』は陳靖国制作『映像シリーズ中国』第3集（発行・ロトン，販売・朝日出版社）に準拠して作られています。この映像シリーズは現地ロケによる最新の中国の自然・社会・文化・人を描いており，中国をその内部から深く捉えた興味深いものです。

第一課はおなじみパンダのふるさとの話です。本場ではパンダがたくさんいるので，かなり大らかな育て方で，自然に近い環境でさまざまな姿を見ることができます。

第二課はで取り上げられる九寨溝は四川の山奥にあり，とても行きにくい秘境ですが，水が鏡のように美しく，この世のものとも思われない景観で知られます。

第三課は四川料理ですが，辛いので有名ですね。代表的な料理は麻婆豆腐ですが，その名の由来が語られます。本場のものは舌の味覚が分からなくなるくらい辛くてしびれます。また四川の人たちは呑気な気質で知られます。盆地にあって豊かな物資に恵まれているからですが，その源には2300年前に作られた都江堰の水利事業があり，後世の繁栄をもたらしました。

第四課は「兄弟姉妹」という題ですが，実際にはちびっこドラマーたちが主人公です。1979年から2016年まで中国では一人っ子政策が取られていて，ほとんどの家庭では一人っ子なので，非常に手厚く育てられ，「小さな皇帝」ということばができているくらいです。金持ちの子弟には幼児教育も念入りにほどこされ，趣味のドラムでもそうしたちびっこたちが日本公演をするくらいまでになっています。

第五課はチベットに行く高山列車・青蔵鉄路の話です。これは鉄道マニアなら垂涎の的で，一生のうちに一度は乗りたい夢の路線の1つで，火星旅行に行ったような想像を絶する景観を目にすることができます。

第六課ではそうして到着したラサのあれこれが第四課で取り上げられます。バター茶というのはチベットの人たちが好んで飲むお茶です。

第七課ではチベット仏教の聖地として信心深いチベット人たちの巡礼の地・ラサにあるシンボルともいうべきポタラ宮が紹介されます。

第八課では江南の古鎮がとりあげられます。近代化・都市化の進む中国ではかえって古い時代や田舎に対する郷愁が強まり，そうした昔ながらの街並みを保つ古い小さな町が観光ブームになっています。

第九課は北京に行くと誰でも行く頤和園の話です。西北の郊外にあるこの広大な庭園はもともと清朝皇室の莫大な財を傾けて建造されました。映像シリーズでは最新の撮影技術を駆使した迫力あるパノラマが見られ，頤和園に何度も足を運んだことがある人でも目を疑うような鮮烈な光景となっています。

第十課で取り上げられる北京の瑠璃廠は本好きにはたまらないゾーンでした。また，書道や古美術の愛好家にとっても格好の場所で，古い街並みを店から店へとぶらつくのも楽しみです。

第十一課は中国酒文化の話です。中国では度数の高い蒸留酒の「白酒」と醸造酒の「黄酒」があり，前者の代表格はマオタイ酒，後者は紹興酒で日本でもよく知られています。酒にまつわる歴史や文化が第五課では扱われています。

第十二課は中国の伝統的な価値観で主流とされていた儒教の教えの中心となる『論語』の主人公である孔子について取り上げられます。その故郷の山東省曲阜には孔子廟・孔林があり，いにしえから今に至るまで脈々と受け継がれてきました。

第十三課は「中国結婚式事情」としてあるカップルの盛大な婚礼が取り上げられます。

第十四課は自転車シェアリングの話で，中国都市部ではこのところ急速に広がっています。中国の都市では地下鉄の駅間隔が大きく，歩行距離が長いこともあり，もともと自転車で移動するのに便利なように街もできていたので，GPSによる位置管理やケータイ決済の普及とともに伝統に回帰しつつあります。

第十五課で取り上げられる漢方医学は独自の体系を早くから形成していて，しかも現今でも脈々とその伝統が息づいている領域です。中国待望の自然科学分野での初めてのノーベル賞もマラリアの治療薬での貢献により屠呦呦教授に2015年度にノーベル生理学・医学賞が贈られています。中国人の日常生活でもどんな症状にはどんな食べ物がよい，といった民間療法が広く普及していて，宴会で料理を頼むときもどんな季節にはどんな栄養を補ったほうがいいから何々を注文しよう，といった会話が頻繁に交わされます。

最後の第十六課では洛陽の都の南にある龍門石窟が取り上げられます。ここでも頤和園の背後にある歴史と似て，中国唯一の女帝・則天武后が大金を投じたエピソードが紹介されています。

このように中国の現在のさまざまな面を扱っていることから，書名は『入門カレント中国』としました。currentは形容詞としては「現今の」「現行の」という意味で日本語の外来語としても使われていますが，もともとは名詞の「流れ」「潮流」という意味から来ています。陳靖国さんによる原作の『映像シリーズ中国』は生き生きと中国の今を捉えているだけでなく，その淵源を深く掘り起こし，昔からの大きな流れを浮き彫りにすることに成功しています。そこで，この書名も今が盛りのテーマも扱うし，伝統的な潮流も反映しているという2つの意味を持たせてあります。

この教科書により皆さんの中国語力が向上するとともに古今の中国に対する理解が深まることを願っています。

監修者・著者

# Contents

# 目次

音声ストリーミング URL

https://text.asahipress.com/free/ch/nyumoncurrent/

※ストリーミングには，各課の新出単語の音声も入っています。

| 品詞表(中国語と日本語の対照) | | |
|---|---|---|
| 表示 | 中国語 | 日本語 |
| (名) | 名词 | 名詞 |
| (代) | 代词 | 代名詞、疑問詞 |
| (动) | 动词 | 動詞 |
| (助动) | 助动词 | 助動詞 |
| (数) | 数词 | 数詞 |
| (量) | 量词 | 量詞（助数詞） |
| (形) | 形容词 | 形容詞 |
| (副) | 副词 | 副詞 |
| (介) | 介词 | 前置詞 |
| (连) | 连词 | 接続詞 |
| (助) | 助词 | 助詞 |
| (叹) | 叹词 | 感嘆詞 |
| (尾) | 词尾 | 語尾 |
| (组) | 词组 | 連語、2語（以上）からなる表現 |
| (成) | 成语 | 成語 |

# 入門　カレント中国

## 発音（一）

中国語はふつう漢字で表記されます。その読み方を示すときは，ローマ字をベースにした中国式発音表記法（“拼音”ピンイン）で表します。

### ❖ 単母音 ❖ CD-1

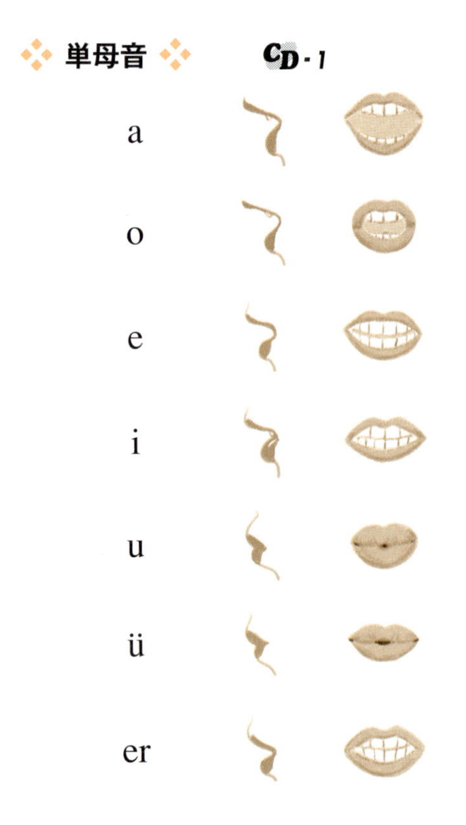


### ❖ 声調 ❖ CD-2

中国語の１つ１つの音節には上げ下げの調子が付き，それを「声調」といいます。基本的な声調は４つあるので，「四声」とも呼びます。

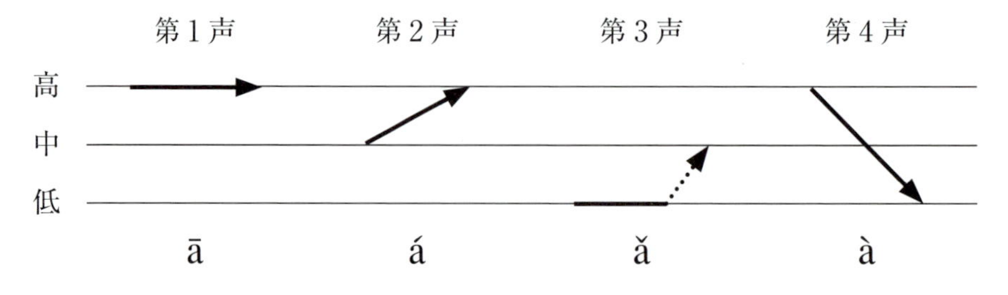


＊第３声は低くて平らに発音するのが基本ですが，単独で発音する場合や，文末で特に強調する場合には，末尾が上昇します。

練習　CD-3

1. 4つの声調で発音しましょう。
その後，どれか1つ発音された音節を＿＿＿に書きましょう。

1) a　—　ā　á　ǎ　à　＿＿＿＿

2) o　—　ō　ó　ǒ　ò　＿＿＿＿

3) e　—　ē　é　ě　è　＿＿＿＿

4) i　—　yī　yí　yǐ　yì　＿＿＿＿

5) u　—　wū　wú　wǔ　wù　＿＿＿＿

6) ü　—　yū　yú　yǔ　yù　＿＿＿＿

7) er　—　ēr　ér　ěr　èr　＿＿＿＿

＊母音 i、u、ü は子音を持たない場合 yi、wu、yu に書き換えます。

2. 次の母音が子音を持たない場合の表記を四声を付けて書きましょう。

1) i　＿＿＿＿　＿＿＿＿　＿＿＿＿　＿＿＿＿

2) u　＿＿＿＿　＿＿＿＿　＿＿＿＿　＿＿＿＿

3) ü　＿＿＿＿　＿＿＿＿　＿＿＿＿　＿＿＿＿

### 複母音　CD-4

単母音 a、o、e、i、u、ü が組み合わさって，二重母音や三重母音になります。

| ai | ei | ao | ou | |
|---|---|---|---|---|
| ia<br>（ya） | ie<br>（ye） | ua<br>（wa） | uo<br>（wo） | üe<br>（yue） |
| iao<br>（yao） | iou【iu】<br>（you） | uai<br>（wai） | uei【ui】<br>（wei） | |

＊（　）内は子音を持たないときの表記。【　】内のものは子音を持つときの表記。

1. 4つの声調で発音しましょう。その後で，どれか1つ発音された音節を______に書きましょう。

CD・5

1） ai — āi ái ǎi ài ____________

2） ei — ēi éi ěi èi ____________

3） ao — āo áo ǎo ào ____________

4） ou — ōu óu ǒu òu ____________

5） ia — yā yá yǎ yà ____________

6） ie — yē yé yě yè ____________

7） ua — wā wá wǎ wà ____________

8） uo — wō wó wǒ wò ____________

9） üe — yuē yué yuě yuè ____________

10）iao — yāo yáo yǎo yào ____________

11）iou — yōu yóu yǒu yòu ____________

12）uai — wāi wái wǎi wài ____________

13）uei — wēi wéi wěi wèi ____________

＊声調符号を付ける位置

| | |
|---|---|
| ① 単母音はその上に付ける。 | é wū |
| ② 複合母音では，a があれば a に付ける。 | ài wài |
| ③ a がなければ o か e に付ける。 | yuè yòu |
| ④ iu と ui が並ぶ場合，後ろの方に付ける。 | liú huì |
| ＊ i に付けるときは，上の ˙ をとる。 | yī |

2. 以下の複母音に子音が付かない場合の表記を，四声を付けて書きましょう。 CD-6

1） ia ＿＿＿＿ ＿＿＿＿ ＿＿＿＿ ＿＿＿＿

2） ie ＿＿＿＿ ＿＿＿＿ ＿＿＿＿ ＿＿＿＿

3） ua ＿＿＿＿ ＿＿＿＿ ＿＿＿＿ ＿＿＿＿

4） uo ＿＿＿＿ ＿＿＿＿ ＿＿＿＿ ＿＿＿＿

5） üe ＿＿＿＿ ＿＿＿＿ ＿＿＿＿ ＿＿＿＿

6） iao ＿＿＿＿ ＿＿＿＿ ＿＿＿＿ ＿＿＿＿

7） iou ＿＿＿＿ ＿＿＿＿ ＿＿＿＿ ＿＿＿＿

8） uai ＿＿＿＿ ＿＿＿＿ ＿＿＿＿ ＿＿＿＿

9） uei ＿＿＿＿ ＿＿＿＿ ＿＿＿＿ ＿＿＿＿

3. 漢字を読みましょう。

| wài | è | yóu | yào | yú | ài | èr | yuè |
|---|---|---|---|---|---|---|---|
| 1）外 | 2）饿 | 3）油 | 4）药 | 5）鱼 | 6）爱 | 7）二 | 8）月 |
| （外） | （お腹が空く） | （油） | （薬） | （魚） | （愛） | （2） | （月） |

# 発音（二）

## 子音　CD・7

＊音節の開始部に現れる子音は全部で21あります。子音だけでは発音しにくいので，（　）の母音を付けて練習します。

| | 無気音 | 有気音 | 鼻音 | 摩擦音 | 有声音 |
|---|---|---|---|---|---|
| 唇音 | b (o) | p (o) | m (o) | f (o) | |
| 舌尖音 | d (e) | t (e) | n (e) | | l (e) |
| 舌根音 | g (e) | k (e) | | h (e) | |
| 舌面音 | j (i) | q (i) | | x (i) | |
| そり舌音 | zh (i) | ch (i) | | sh (i) | r (i) |
| 舌歯音 | z (i) | c (i) | | s (i) | |

## 練習　CD・8

1. 無気音と有気音を比較して発音しましょう。

b (o) p (o) — ba pa　bao pao　biao piao
d (e) t (e) — da ta　dao tao　diao tiao
g (e) k (e) — ga ka　gao kao　gui kui
j (i) q (i) — jia qia　ju qu　jiu qiu
z (i) c (i) — za ca　zu cu　zuo cuo

＊ ü は j、q、x、y の後ろに現れるとき，¨ をとって u と綴ります。
＊ zi、ci、si は口角を横にひいて発音する独特の音色の母音となります。

2. そり舌音を発音しましょう。

zh (i) — zhī zhí zhǐ zhì
ch (i) — chī chí chǐ chì
sh (i) — shī shí shǐ shì
r (i) — rī rí rǐ rì

3. 絵を見ながら発音しましょう。 CD-9

| | | | |
|---|---|---|---|
|  |  |  |  |
| bāo<br>1）包<br>（カバン） | tù<br>2）兔<br>（ウサギ） | piào<br>3）票<br>（切符） | jú<br>4）菊<br>（キク） |
|  |  |  |  |
| huā<br>5）花<br>（花） | chá<br>6）茶<br>（お茶） | zì<br>7）字<br>（文字） | shū<br>8）书<br>（本） |

### 軽声 CD-10

軽声は前の音節に添えて，軽く短く発音します。軽声には声調符号を付けません。軽声は第 3 声の後では高く，それ以外の声調の後では低くなります。

| 第 1 声＋軽声 | 第 2 声＋軽声 | 第 3 声＋軽声 | 第 4 声＋軽声 |
|---|---|---|---|
| māma<br>妈妈<br>（お母さん） | yéye<br>爷爷<br>（父方のおじいさん） | nǎinai<br>奶奶<br>（父方のおばあさん） | bàba<br>爸爸<br>（お父さん） |

### 練習

軽声を発音しましょう。

| | | | | | |
|---|---|---|---|---|---|
| gēge<br>1）哥哥<br>（お兄さん） | jiějie<br>2）姐姐<br>（お姉さん） | dìdi<br>3）弟弟<br>（弟） | mèimei<br>4）妹妹<br>（妹） | xièxie<br>5）谢谢<br>（ありがとう） | dòufu<br>6）豆腐<br>（豆腐） |

**早口言葉に挑戦してみましょう** CD-11

Shí shì shí, sì shì sì,
十 是 十，四 是 四，　（10 は 10 で，4 は 4 で，）

shísì shì shísì, sìshí shì sìshí.
十四 是 十四，四十 是 四十。　（14 は 14 で，40 は 40 である。）

# 発音（三）

## 鼻音で終わる組み合わせ　CD-12

中国語には -n と -ng の 2 種類があります。

－n：舌の先を上の歯茎に押し付けます。

－ng：口を開けたまま鼻音を大きく響かせます。

| | | | | |
|---|---|---|---|---|
| an | en | ang | eng | ong |
| ian<br>（yan） | in<br>（yin） | iang<br>（yang） | ing<br>（ying） | iong<br>（yong） |
| uan<br>（wan） | uen【un】<br>（wen） | uang<br>（wang） | ueng<br>（weng） | |
| üan<br>（yuan） | ün<br>（yun） | | | |

＊（　）は子音を持たない場合の表記。【　】内は子音を持つときの表記。

## 練習　CD-13

1. -n と -ng で終わる鼻音を比較して発音しましょう。

1）bàn — bàng　　2）fēn — fēng　　3）qián — qiáng

4）xìn — xìng　　5）chuán — chuáng　　6）wēn — wēng

2. 絵を見ながら発音しましょう。

chūntiān
1）春天
（春）

xiàtiān
2）夏天
（夏）

qiūtiān
3）秋天
（秋）

dōngtiān
4）冬天
（冬）

jiǎngzhāng
5) 奖章
(勲章)

Kǒngmíng
6) 孔明
(孔明)

diǎnxin
7) 点心
(お菓子)

wàngyuǎnjìng
8) 望远镜
(望遠鏡)

3. 数字の発音を覚えましょう。 CD-14

1) 1から10までの発音を聞いて，声調記号を付けましょう。

| yi | er | san | si | wu | liu | qi | ba | jiu | shi |
|---|---|---|---|---|---|---|---|---|---|
| 一 | 二 | 三 | 四 | 五 | 六 | 七 | 八 | 九 | 十 |

2) 11から99までの数字を発音しましょう。

| shíyī | shí'èr | shíbā | èrshí | sānshiyī | bāshiwǔ | jiǔshijiǔ |
|---|---|---|---|---|---|---|
| 十一 | 十二 | 十八 | 二十 | 三十一 | 八十五 | 九十九 |

### 中国語で漢詩を読んでみましょう CD-15

Chūnxiǎo
春晓　　　　春暁

Chūn mián bù jué xiǎo,
春 眠 不 觉 晓，　　（春眠暁を覚えず）

chù chù wén tí niǎo.
处 处 闻 啼 鸟。　　（処処に啼鳥を聞く）

Yè lái fēng yǔ shēng,
夜 来 风 雨 声，　　（夜来風雨の声）

huā luò zhī duō shǎo.
花 落 知 多 少。　　（花落つること知んぬ多少ぞ）

# 発音（四）

## 1．第３声の変調　CD-16

第３声＋第３声　→　第２声＋第３声

＊声調符号は変えず，発音だけ変えます。

Nǐ hǎo!
1）你　好！
（こんにちは！）

Wǒ hěn hǎo.
2）我　很　好。
（私は元気です。）

Wǒ ‖ hěn hǎo.
2)'我　很　好。

Wǒ yě ‖ hěn hǎo.
3）我　也　很　好。
（私も元気です。）

### 練習

絵の下の語句を発音してみましょう。

nǐ jiějie
1）你　姐姐
（あなたのお姉さん）

wǒ nǎinai
2）我　奶奶
（私のおばあさん）

nǚ lǎoshī
3）女　老师
（女の先生）

wǒ lǎojiā
4）我　老家
（私の故郷）

## 2．"一 yī" の変調　CD-17

数詞 "一 yī" は後ろに，

①第１声，第２声，第３声が続くと，第４声に変わります。

②第４声が続くと，第２声に変わります。

また，序数詞の場合は変調しません。

yì tiān
1）一　天
（1日）

yì nián
2）一　年
（1年間）

yìbǎi
3）一百
（百）

yíwàn
4）一万
（1万）

yī niánjí
5）一　年级
（1年生）

**練習**

次の語句の“一”に声調符号を付けて発音しましょう。

| yi zhāng | yi háng | yi běn | yi cì | dì yi míng | yi xīn yi yì |
|---|---|---|---|---|---|
| 1）一　张 | 2）一　行 | 3）一　本 | 4）一　次 | 5）第　一　名 | 6）一　心　一　意 |
| （1枚） | （1行） | （1冊） | （1回） | （第1位） | （ひたすら） |

### 3. “不 bù”の変調　CD-18

否定を表す副詞“不 bù”は後ろに第4声が続くと，第2声に変わります。

| bú qù | bú zài | bú kàn | bú xiè |
|---|---|---|---|
| 1）不　去 | 2）不　在 | 3）不　看 | 4）不　谢 |
| （行かない） | （いない） | （見ない） | （どういたしまして） |

**練習**

次の語句の“不”に声調符号を付けて発音しましょう。

| bu chī | bu lái | bu mǎi | bu yào | bu dà bu xiǎo |
|---|---|---|---|---|
| 1）不　吃 | 2）不　来 | 3）不　买 | 4）不　要 | 5）不　大　不　小 |
| （食べない） | （来ない） | （買わない） | （要らない） | （大きくも小さくもない） |

### 4. “儿化 érhuà”　CD-19

“儿 -r”は前の音節とともに発音します。前の音節が -i、-n で終わるときにはその -i、-n は発音上は完全に脱落します。

**練習**

| zhèr | huār | yíkuàir | wánr |
|---|---|---|---|
| 1）这儿 | 2）花儿 | 3）一块儿 | 4）玩儿 |
| （ここ） | （花） | （一緒に） | （遊ぶ） |

**挨拶のことば**　CD-20

1）Nǐ hǎo!　Nǐ hǎo!
你好！——你好！
（こんにちは！——こんにちは！）

2）Xièxie!　Bú xiè. / Bú kèqi.
谢谢！——不谢。/ 不客气。
（ありがとう！——どういたしまして。）

3）Duìbuqǐ.　Méi guānxi.
对不起。——没关系。
（すみません。——大丈夫です。）

4）Zàijiàn.　Zàijiàn.
再见。——再见。
（さようなら。——さようなら。）

# 第一课 参观 熊猫 基地

CD-21

**课文 kèwén** 日本人留学生の田中さんは四川省にある「パンダ繁殖研究基地」を見学しに来ました。

A：你 好！ 你 是 日本人 吗？
Nǐ hǎo! Nǐ shì Rìběnrén ma?

B：对， 我 是 日本人。 你 好！
Duì, wǒ shì Rìběnrén. Nǐ hǎo!

A：我 姓 李， 是 志愿者。
Wǒ xìng Lǐ, shì zhìyuànzhě.

B：我 姓 田中， 叫 田中 里奈。
Wǒ xìng Tiánzhōng, jiào Tiánzhōng Lǐnài.

A：今天 我 是 向导。
Jīntiān wǒ shì xiàngdǎo.

B：谢谢！ 请 多 关照。
Xièxie! Qǐng duō guānzhào.

## 生词 shēngcí

1. **参观**（动）cānguān　見学する
2. **熊猫**（名）xióngmāo　パンダ
3. **基地**（名）jīdì　基地
4. **你好**（组）nǐ hǎo　こんにちは，おはよう
5. **你**（代）nǐ　あなた
6. **是**（动）shì　である，そうです
7. **日本人**（名）Rìběnrén　日本人
8. **吗**（助）ma　…か
9. **对**（形）duì　はい，その通りだ
10. **我**（代）wǒ　私
11. **姓**（动）xìng　名字は…である
12. **李**（名）Lǐ　李〈姓〉
13. **志愿者**（名）zhìyuànzhě　ボランティア
14. **叫**（动）jiào　（名前は）…という
15. **田中里奈**（名）Tiánzhōng Lǐnài　田中里奈
16. **今天**（名）jīntiān　今日
17. **向导**（名）xiàngdǎo　ガイド
18. **谢谢**（动）xièxie　ありがとう
19. **请**（动）qǐng　どうぞ…してください
20. **多**（形）duō　多い
21. **关照**（动）guānzhào　世話をする

1. **不是**（组）bú shì　…ではない
2. **学生**（名）xuésheng　学生
3. **老师**（名）lǎoshī　先生
4. **中国人**（名）Zhōngguórén　中国人
5. **美国人**（名）Měiguórén　アメリカ人
6. **留学生**（名）liúxuéshēng　留学生
7. **贵姓**（名）guìxìng　尊い名字
8. **什么**（代）shénme　何，どんな（もの）
9. **名字**（名）míngzi　名前

### 简体字

| | | | | |
|---|---|---|---|---|
| 观（観） | ㇇ | 又 | 对 | 观 |
| 请（請） | ˋ | 讠 | 讠 | 请 |
| 导（導） | ㇕ | 㔾 | 巳 | 导 |
| 关（関） | ᐟᐟ | 䒑 | 关 | 关 |

### 初対面の会話

Nín hǎo! Nín shì Cūnshān xiānsheng ma?
您好！　您是村山先生吗？
（初めまして！村山さんですか？）

Duì, wǒ shì Cūnshān.
—— 对，我是村山。
（はい、村山です。）

| xiānsheng | nǚshì | xiǎojiě | lǎoshī | tóngxué |
|---|---|---|---|---|
| 先生 | 女士 | 小姐 | 老师 | 同学 |
| 呼称：（[男性に対し] ～さん） | （[女性に対し] ～さん） | （[若い女性に対し] ～さん） | （先生） | （[学生に対し] ～さん） |

Nǐ hǎo!　Wǒ shì ______ Dàxué de xuésheng.
你好！　我是______大学的学生。
（初めまして！私は______大学の学生です。）

Wǒ shì yī niánjí de xuésheng.
我是一年级的学生。
（私は1年生です。）

## 要点 yàodiǎn

CD-22

### 1. 人称代名詞

| | 一人称 | 二人称 | | 三人称 | | 疑問 |
|---|---|---|---|---|---|---|
| 単数 | wǒ<br>我<br>私 | nǐ<br>你<br>あなた | nín<br>您<br>あなた（敬称） | tā<br>他<br>彼 | tā<br>她<br>彼女 | shuí / shéi<br>谁<br>誰 |
| 複数 | wǒmen<br>我们<br>私たち | nǐmen<br>你们<br>あなたたち | | tāmen<br>他们<br>彼ら | tāmen<br>她们<br>彼女たち | |
| 複数 | zánmen<br>咱们<br>（聞き手を含めた）私たち | | | | | |

**口头练习** kǒutóu liànxí

**日本語を中国語に、中国語を日本語に直して言いましょう。**

① 私　② 彼　③ あなたたち　④ 彼女たち　⑤ あなた

⑥ 她 (tā)　⑦ 我们 (wǒmen)　⑧ 他们 (tāmen)　⑨ 您 (nín)　⑩ 谁 (shéi)

### 2. 動詞“是”の文

…“是”～　　…は～です

1）我是日本人。　Wǒ shì Rìběnrén.

2）他们不是中国人。　Tāmen bú shì Zhōngguórén.

3）她是向导。　Tā shì xiàngdǎo.

**口头练习** kǒutóu liànxí

[ ] 内の語を＿＿＿に置き換えて言ってみましょう。

1）＿他＿是／不是＿中国人＿。　　＿Tā＿shì / bú shì＿Zhōngguórén＿.

| wǒ　Rìběnrén<br>① 我・日本人 | wǒ　xuésheng<br>② 我・学生 | tā　lǎoshī<br>③ 她・老师 | tāmen　Měiguórén<br>④ 他们・美国人 |
| --- | --- | --- | --- |

## 3. “吗”の疑問文

…“吗”？　　…か？

1）您是老师吗？　　Nín shì lǎoshī ma?

2）他们是中国人吗？　　Tāmen shì Zhōngguórén ma?

3）你是日本人吗?　　Nǐ shì Rìběnrén ma?

**口头练习** kǒutóu liànxí

次の文を疑問文に直し、その質問に答えましょう。

Tā shì Rìběnrén.
① 她 是 日本人。
彼女は日本人です。

Tāmen shì Zhōngguórén.
② 他们 是 中国人。
彼らは中国人です。

Tāmen shì liúxuéshēng.
③ 他们 是 留学生。
彼らは留学生です。

Tā shì lǎoshī.
④ 他 是 老师。
彼は先生です。

CD-23

## 4. 名前の尋ね方・言い方

| | |
|---|---|
| "姓" ＋ 名字 | 名字は…という |
| "叫" ＋ フルネーム | 名前は…という |
| 1）您贵姓？—— 我姓李。 | Nín guìxìng? —— Wǒ xìng Lǐ. |
| 2）你叫什么名字？ | Nǐ jiào shénme míngzi? |
| —— 我叫田中里奈。 | —— Wǒ jiào Tiánzhōng Lǐnài. |
| 3）他姓村山，叫村山明。 | Tā xìng Cūnshān, jiào Cūnshān Míng. |

**口头练习** kǒutóu liànxí

| | |
|---|---|
| ① 您贵姓？ | Nín guìxìng? |
| —— 我姓__________。 | —— Wǒ xìng__________. |
| ② 你叫什么名字？ | Nǐ jiào shénme míngzi? |
| —— 我叫__________。 | —— Wǒ jiào__________. |

## 笔头练习 bǐtóu liànxí

**1. 次の簡体字をピンインに書き換えてください。**

1）你好 ____________　　2）日本人 ____________

3）熊猫 ____________　　4）志愿者 ____________

5）向导 ____________　　6）关照 ____________

**2. 次のピンインを簡体字に直し、日本語に訳してください。**

1）　Nǐ shì Rìběnrén ma?

簡体字 ________________________________

日本語 ________________________________

2）　Xièxie！ Qǐng duō guānzhào.

簡体字 ________________________________

日本語 ________________________________

3）　Tāmen bú shì Zhōngguórén.

簡体字 ________________________________

日本語 ________________________________

**3. 次の日本語を中国語に訳してください。**

1）私はガイドです。

________________________________

2）あなたは中国人ですか？

________________________________

3）私の名字は________で、名前は__________です。

________________________________

# 第二课 九寨沟 风景区

Dì èr kè Jiǔzhàigōu fēngjǐngqū

CD - 24

**课文 kèwén** 九寨溝は四川にある観光地で、そこで撮った写真を友人に見せています。

A：这里 的 风景 真 漂亮！
Zhèli de fēngjǐng zhēn piàoliang!

B：这 是 世界 遗产。
Zhè shì shìjiè yíchǎn.

A：游客 很 多 吧？
Yóukè hěn duō ba?

B：非常 多。
Fēicháng duō.

A：都 是 中国人 吗？
Dōu shì Zhōngguórén ma?

B：中国人 很 多，外国人 也 很 多。
Zhōngguórén hěn duō, wàiguórén yě hěn duō.

## 生词 shēngcí

1. **九寨沟**（名）Jiǔzhàigōu　九寨溝
2. **风景区**（名）fēngjǐngqū　景勝地
3. **这里**（代）zhèli　ここ
4. **的**（助）de　の
5. **风景**（名）fēngjǐng　風景
6. **真**（副）zhēn　本当に
7. **漂亮**（形）piàoliang　きれいだ
8. **这**（代）zhè　これ
9. **世界遗产**（名）shìjiè yíchǎn　世界遺産
10. **游客**（名）yóukè　観光客
11. **很**（副）hěn　とても
12. **吧**（助）ba　…だろう
13. **非常**（副）fēicháng　非常に
14. **都**（副）dōu　みな，いずれも
15. **中国人**（名）Zhōngguórén　中国人
16. **外国人**（名）wàiguórén　外国人
17. **也**（副）yě　…も

---

1. **哪国人**（组）nǎ guó rén　どの国の人
2. **电脑**（名）diànnǎo　パソコン
3. **词典**（名）cídiǎn　辞書
4. **书**（名）shū　本
5. **笔**（名）bǐ　ペン
6. **本子**（名）běnzi　ノート
7. **大学**（名）dàxué　大学
8. **教室**（名）jiàoshì　教室
9. **食堂**（名）shítáng　食堂
10. **图书馆**（名）túshūguǎn　図書館
11. **大**（形）dà　大きい
12. **贵**（形）guì　値段が高い
13. **天气**（名）tiānqì　天気
14. **冷**（形）lěng　寒い
15. **忙**（形）máng　忙しい

### 简体字

风（風）　丿　几　风　风

亮（亮）　亠　亠　亭　亮

遗（遺）　中　串　贵　遗

产（産）　丶　亠　立　产

### 常用形容詞

| | | | | | |
|---|---|---|---|---|---|
| dà xiǎo<br>大・小<br>（大きい・小さい） | duō shǎo<br>多・少<br>（多い・少ない） | cháng duǎn<br>长・短<br>（長い・短い） | yuǎn jìn<br>远・近<br>（遠い・近い） | kuài màn<br>快・慢<br>（速い・遅い） | zǎo wǎn<br>早・晚<br>（早い・遅い） |
| lěng rè<br>冷・热<br>（寒い・暑い） | duì cuò<br>对・错<br>（正しい・間違い） | gāo dī<br>高・低<br>（高い・低い） | guì piányi<br>贵・便宜<br>（値段が高い・安い） | róngyì nán<br>容易・难<br>（易しい・難しい） | |

## 要点 yàodiǎn

CD - 25

### 1. 指示代名詞

| 近称 | 遠称 | 疑問 |
|---|---|---|
| zhè<br>这<br>これ、それ | nà<br>那<br>それ、あれ | nǎ<br>(哪)*<br>どれ |
| zhèr、zhèli<br>这儿、这里<br>ここ、そこ | nàr、nàli<br>那儿、那里<br>そこ、あそこ | nǎr、nǎli<br>哪儿、哪里<br>どこ |

＊“哪”は“儿”や“里”などと一緒のときに現れ，単独では使われない。

1）那是风景区。 Nà shì fēngjǐngqū.

2）你是哪国人？ Nǐ shì nǎ guó rén?

3）这是世界遗产。 Zhè shì shìjiè yíchǎn.

#### 口头练习 kǒutóu liànxí

［　　］内の語を＿＿に置き換えて言ってみましょう。

① 这是 电脑 。 Zhè shì diànnǎo .

| cídiǎn<br>① 词典 | shū<br>② 书 | bǐ<br>③ 笔 | běnzi<br>④ 本子 |
|---|---|---|---|

② 那是 风景区 。 Nà shì fēngjǐngqū .

| dàxué<br>① 大学 | jiàoshì<br>② 教室 | shítáng<br>③ 食堂 | túshūguǎn<br>④ 图书馆 |
|---|---|---|---|

## 2. 形容詞述語文

主語＋述語（“很”＋形容詞）　　　…は～だ

1）肯定文：
Fēngjǐng hěn piàoliang.
风景 很 漂亮。
Xuésheng hěn duō.
学生 很 多。

2）否定文：
Fēngjǐng bú piàoliang.
风景 不 漂亮。
Xuésheng bù duō.
学生 不 多。

3）疑問文：
Fēngjǐng piàoliang ma?
风景 漂亮 吗?
Xuésheng duō ma?
学生 多 吗?

＊形容詞述語文に動詞“是”はいらない。肯定文は“很”が必要。

### 口头练习 kǒutóu liànxí

**絵の下の語を使って、肯定文・否定文・疑問文を言ってみましょう。**

shítáng dà
① 食堂・大
食堂・大きい

túshūguǎn piàoliang
② 图书馆・漂亮
図書館・きれい

cídiǎn guì
③ 词典・贵
辞書・高い

tiānqì lěng
④ 天气・冷
天気・寒い

## 3. 副詞“也”と“都”

也　　（二つの事柄が同じであることを表す）…も

都…　　（主語が複数の場合に）いずれも、みな…

1）我是日本人，他也是日本人。　Wǒ shì Rìběnrén, tā yě shì Rìběnrén.

2）我们都是日本人。　Wǒmen dōu shì Rìběnrén.

3）食堂很大，图书馆也很大。　Shítáng hěn dà, túshūguǎn yě hěn dà.

CD-26

●口头练习 kǒutóu liànxí●

**次の文に“也”か“都”を入れて言いましょう。**

① 老师很多。 （也） Lǎoshī hěn duō. (yě)

② 她是中国人。 （也） Tā shì Zhōngguórén. (yě)

③ 你们是学生吗？ （都） Nǐmen shì xuésheng ma? (dōu)

④ 我们很忙。 （都） Wǒmen hěn máng. (dōu)

## 4. 語気助詞“吧”

…吧 …だろう

1）你是日本人吧？ Nǐ shì Rìběnrén ba?

2）那是食堂吧？ Nà shì shítáng ba?

3）游客很多吧？ Yóukè hěn duō ba?

●口头练习 kǒutóu liànxí●

**“吧”をつけて言ってみましょう。そしてできた文を日本語に訳しましょう。**

① 风景很漂亮。 Fēngjǐng hěn piàoliang.

② 外国人不多。 Wàiguórén bù duō.

③ 你们都是中国人。 Nǐmen dōu shì Zhōngguórén.

④ 这是世界遗产。 Zhè shì shìjiè yíchǎn.

## 笔头练习 bǐtóu liànxí

**1. 次の簡体字をピンインに書き換えてください。**

1）风景 ＿＿＿＿＿＿＿＿　　2）漂亮 ＿＿＿＿＿＿＿＿

3）游客 ＿＿＿＿＿＿＿＿　　4）很多 ＿＿＿＿＿＿＿＿

5）外国人 ＿＿＿＿＿＿＿＿　　6）世界遗产 ＿＿＿＿＿＿＿＿

**2. 次のピンインを簡体字に直し、日本語に訳してください。**

1） Zhèli de fēngjǐng zhēn piàoliang!

簡体字 ＿＿＿＿＿＿＿＿＿＿＿＿＿＿＿＿

日本語 ＿＿＿＿＿＿＿＿＿＿＿＿＿＿＿＿

2） Tāmen dōu shì wàiguórén.

簡体字 ＿＿＿＿＿＿＿＿＿＿＿＿＿＿＿＿

日本語 ＿＿＿＿＿＿＿＿＿＿＿＿＿＿＿＿

3） Nà yě shì shìjiè yíchǎn ba?

簡体字 ＿＿＿＿＿＿＿＿＿＿＿＿＿＿＿＿

日本語 ＿＿＿＿＿＿＿＿＿＿＿＿＿＿＿＿

**3. 次の日本語を中国語に訳してください。**

1）A：あなたたちはみんな観光客ですか？　　B：そうですよ。

＿＿＿＿＿＿＿＿＿＿＿＿＿＿＿＿＿＿＿＿

2）ここの風景は非常にきれいです。

＿＿＿＿＿＿＿＿＿＿＿＿＿＿＿＿＿＿＿＿

3）外国人も多いでしょう？

＿＿＿＿＿＿＿＿＿＿＿＿＿＿＿＿＿＿＿＿

# Dì sān kè　　Qǐngkè
# 第三课　请客

CD - 27

**课文 kèwén**　休日に友達の家に招待されました。

A：明天　星期六。　我　不　去　学校。
　　Míngtiān　xīngqīliù.　Wǒ　bú　qù　xuéxiào.

B：你　来　我　家，咱们　一起　吃　饭　吧。
　　Nǐ　lái　wǒ　jiā,　zánmen　yìqǐ　chī　fàn　ba.

A：好　啊！　吃　什么？
　　Hǎo　a!　Chī　shénme?

B：我　做　四川菜。
　　Wǒ　zuò　Sìchuāncài.

A：我　想　吃　麻婆　豆腐。
　　Wǒ　xiǎng　chī　mápó　dòufu.

B：那　是　我　的　拿手菜。
　　Nà　shì　wǒ　de　náshǒucài.

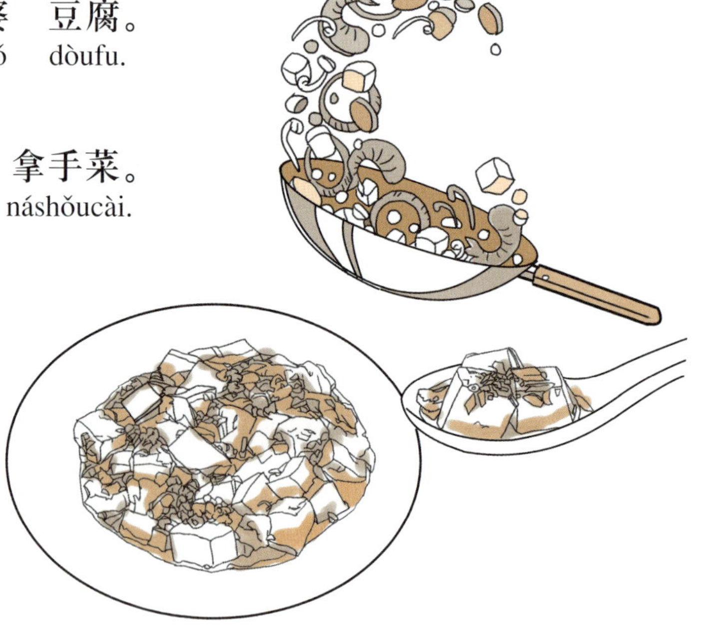

## 生词 shēngcí

1. **请客**（动）qǐngkè　客を招待する
2. **明天**（名）míngtiān　明日
3. **星期六**（名）xīngqīliù　土曜日
4. **去**（动）qù　行く
5. **学校**（名）xuéxiào　学校
6. **来**（动）lái　来る
7. **家**（名）jiā　家
8. **咱们**（代）zánmen　（聞き手を含めた）私たち
9. **一起**（副）yìqǐ　一緒に
10. **吃饭**（组）chī fàn　食事する
11. **吧**（助）ba　（提案の意）…しよう
12. **好**（形）hǎo　いい，はい
13. **啊**（叹）a　…よ，ね
14. **吃**（动）chī　食べる
15. **什么**（代）shénme　何，どんな（もの）
16. **做**（动）zuò　作る，料理する
17. **四川菜**（名）Sìchuāncài　四川料理
18. **想**（助动）xiǎng　…したい
19. **麻婆豆腐**（名）mápó dòufu　マーボードウフ
20. **那**（代）nà　あれ、それ
21. **拿手菜**（名）náshǒucài　得意料理

---

1. **岁**（量）suì　（年齢）歳
2. **…月～号**（组）…yuè~hào　…月～日
3. **昨天**（名）zuótiān　昨日
4. **长城**（名）Chángchéng　万里の長城
5. **唱歌**（组）chàng gē　歌を歌う
6. **哪儿**（代）nǎr　どこ
7. **谁**（代）shéi　誰
8. **公园**（名）gōngyuán　公園
9. **菜**（名）cài　料理
10. **中国菜**（名）Zhōngguócài　中国料理
11. **日本菜**（名）Rìběncài　日本料理
12. **北京烤鸭**（名）Běijīng kǎoyā　北京ダック
13. **炒饭**（名）chǎofàn　チャーハン
14. **饺子**（名）jiǎozi　餃子
15. **包子**（名）bāozi　肉まん

### 简体字

吃（喫）　丨　口丨　口𠂉　吃
饭（飯）　𠂊　饣　饣厂　饭
岁（歳）　山　山丿　岁　岁
长（長）　丿　𠃋　长　长

### 期日と曜日

| | | | | | | | |
|---|---|---|---|---|---|---|---|
| …月： | yīyuè<br>一月 | èryuè<br>二月 | sānyuè<br>三月…… | bāyuè<br>八月…… | shíyīyuè<br>十一月 | shí'èryuè<br>十二月 | jǐ yuè<br>几 月（何月） |
| …日： | yī hào<br>一 号 | èr hào<br>二 号 | shíyī hào<br>十一 号 | èrshí hào<br>二十 号 | sānshiyī hào<br>三十一 号 | jǐ hào<br>几 号（何日） | |
| …曜日： | xīngqīyī<br>星期一 | xīngqī'èr<br>星期二 | xīngqīsān<br>星期三 | xīngqīsì<br>星期四 | xīngqīwǔ<br>星期五 | xīngqīliù<br>星期六 | xīngqīrì/tiān<br>星期日／天 |
| | xīngqī jǐ<br>星期几（何曜日） | | | | | | |

Jīntiān jǐ yuè jǐ hào?
今天几月几号？
（今日は何月何日ですか？）

Míngtiān xīngqī jǐ?
明天星期几？
（明日は何曜日ですか？）

Zuótiān bú shì xīngqī sì.
昨天不是星期四。
（昨日は木曜日ではありません。）

## 要点 yàodiǎn

CD - 28

### 1. 数詞述語文

主語＋数詞　　…は〜だ

1）明天星期六。　Míngtiān xīngqīliù.

2）我十八岁。　Wǒ shíbā suì.

3）今天不是七月一号。　Jīntiān bú shì qīyuè yī hào.

● 1 〜 10 の数字を覚えましょう。

| yī | èr | sān | sì | wǔ | liù | qī | bā | jiǔ | shí |
|---|---|---|---|---|---|---|---|---|---|
| 一 | 二 | 三 | 四 | 五 | 六 | 七 | 八 | 九 | 十 |

**口头练习** kǒutóu liànxí

**次の空欄を数詞で埋めましょう。**

① 今天星期______。　Jīntiān xīngqī ______.

② 昨天不是______月______号。　Zuótiān bú shì ______ yuè ______ hào.

③ 我__________岁。　Wǒ __________ suì.

④ 他不是________岁。　Tā bú shì __________ suì.

### 2. 動詞述語文

主語＋動詞＋(目的語)　　…は（〜を）ーする

1）他来我家。　Tā lái wǒ jiā.

2）我不去学校。　Wǒ bú qù xuéxiào.

3）我做四川菜。　Wǒ zuò Sìchuāncài.

### 口头练习 kǒutóu liànxí

次の質問に肯定文と否定文で答えてみましょう。

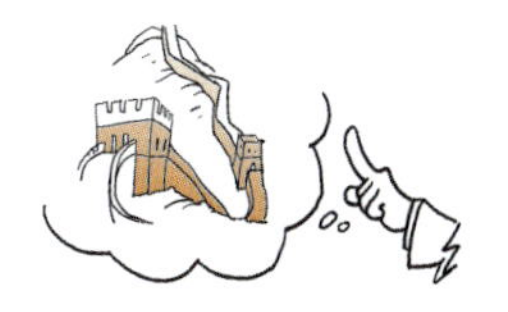

① Nǐ qù Chángchéng ma?
你去长城吗?
万里の長城に行きますか?

② Nǐ qù xuéxiào ma?
你去学校吗?
学校に行きますか?

③ Nǐ chàng gē ma?
你唱歌吗?
歌を歌いますか?

④ Nǐ chī Sìchuāncài ma?
你吃四川菜吗?
四川料理を食べますか?

## 3. 疑問詞疑問文

疑問詞疑問文には“吗”は要りません。

1) 你去哪儿?　　Nǐ qù nǎr?

2) 她是谁?　　Tā shì shéi?

3) 你吃什么?　　Nǐ chī shénme?

### 口头练习 kǒutóu liànxí

[　　]内の語を＿＿に置き換えて言ってみましょう。

① 你去哪儿?　　Nǐ qù nǎr?

我去 ＿＿＿＿。　　Wǒ qù ＿＿＿＿.

| ① 学校 (xuéxiào) | ② 公园 (gōngyuán) |
|---|---|

② 他是谁?　　Tā shì shéi?

他是 ＿＿＿＿。　　Tā shì ＿＿＿＿.

| ① 老师 (lǎoshī) | ② 学生 (xuésheng) |
|---|---|

③ 这是什么？　　Zhè shì shénme?

这是 ＿＿＿＿＿。　　Zhè shì ＿＿＿＿.

| cídiǎn<br>① 词典 | bǐ<br>② 笔 |
|---|---|

④ 你吃什么菜？　　Nǐ chī shénme cài?

我吃 ＿＿＿＿＿。　　Wǒ chī ＿＿＿＿.

| Zhōngguócài<br>① 中国菜 | Rìběncài<br>② 日本菜 |
|---|---|

## 4. 助動詞 “想”

主語＋“想”＋動詞　　…は～したい

1) 我想吃麻婆豆腐。　　Wǒ xiǎng chī mápó dòufu.

2) 他不想去学校。　　Tā bù xiǎng qù xuéxiào.

3) 你想吃四川菜吗？　　Nǐ xiǎng chī Sìchuāncài ma?

### 口头练习 kǒutóu liànxí

［　　］内の語を答えの＿＿に入れて言ってみましょう。

你想吃什么？　　Nǐ xiǎng chī shénme?

—— 我想吃＿＿＿＿＿。　　—— Wǒ xiǎng chī ＿＿＿＿.

| Běijīng kǎoyā<br>① 北京烤鸭<br>北京ダック | chǎofàn<br>② 炒饭<br>チャーハン | jiǎozi<br>③ 饺子<br>ギョウザ | bāozi<br>④ 包子<br>肉まん |
|---|---|---|---|

## 笔头练习 bǐtóu liànxí

**1. 次の簡体字をピンインに書き換えてください。**

1）咱们 ____________ 2）星期六 ____________

3）吃饭 ____________ 4）一起 ____________

5）什么 ____________ 6）学校 ____________

**2. 次のピンインを簡体字に直し、日本語に訳してください。**

1） Míngtiān xīngqīsān.

簡体字 ____________

日本語 ____________

2） Nǐ qù xuéxiào ma?

簡体字 ____________

日本語 ____________

3） Nà shì wǒ de náshǒucài.

簡体字 ____________

日本語 ____________

**3. 次の日本語を中国語に訳してください。**

1）A：私たちは一緒に食事しましょう。 B：いいですね。

____________

2）あなたは何を食べたいですか？

____________

3）私はマーボードウフを作ります。

____________

# Dì sì kè　Xiōngdìjiěmèi
# 第四课　兄弟姐妹

CD-30

**课文 kèwén**　家と家族の話。

A：你　家　在　哪儿？
　　Nǐ　jiā　zài　nǎr?

B：我　家　在　大阪。
　　Wǒ　jiā　zài　Dàbǎn.

A：我　家　在　上海。
　　Wǒ　jiā　zài　Shànghǎi.

B：你　有　没有　兄弟姐妹？
　　Nǐ　yǒu　méiyǒu　xiōngdìjiěmèi?

A：没有。　我　是　独生子。
　　Méiyǒu.　Wǒ　shì　dúshēngzǐ.

B：我　有　姐姐　和　弟弟。
　　Wǒ　yǒu　jiějie　hé　dìdi.

## 生词 shēngcí

1. **兄弟姐妹**（名）xiōngdìjiěmèi　兄弟姉妹
2. **在**（动）zài　（どこどこに）いる / ある
3. **哪儿**（代）nǎr　どこ
4. **大阪**（名）Dàbǎn　大阪
5. **上海**（名）Shànghǎi　上海
6. **有**（动）yǒu　（誰々・何々が）いる / ある，持つ
7. **没有**（动）méiyǒu　いない / ない，持っていない
8. **独生子**（名）dúshēngzǐ　一人息子
9. **姐姐**（名）jiějie　姉
10. **和**（连）hé　と
11. **弟弟**（名）dìdi　弟

---

1. **好吃**（形）hǎochī　美味しい
2. **那里**（代）nàli　そこ、あそこ
3. **这儿**（代）zhèr　ここ
4. **妹妹**（名）mèimei　妹
5. **时间**（名）shíjiān　時間

### 简体字

海（海）氵　氵　氵　氵　海　海

几（幾）丿　几

时（時）日　日　时　时

间（間）丶　门　门　间

### 家族紹介

| bàba<br>**爸爸**<br>（父） | māma<br>**妈妈**<br>（母） | gēge<br>**哥哥**<br>（兄） | jiějie<br>**姐姐**<br>（姉） | dìdi<br>**弟弟**<br>（弟） | mèimei<br>**妹妹**<br>（妹） |
|---|---|---|---|---|---|

Nǐ jiā yǒu jǐ kǒu rén?
**你家有几口人？**
（あなたの家は何人家族ですか？）

Wǒ jiā yǒu wǔ kǒu rén.
——**我家有五口人。**
（私の家は 5 人家族です。）

Nǐ jīnnián duō dà?
**你今年多大？**
（今年おいくつですか？）

Wǒ jīnnián shíbā suì.
——**我今年十八岁。**
（私は今年 18 歳です。）

## 要点 yàodiǎn

CD - 31

### 1. 助詞“的”

…的（～）　　　　…の（～）

| | | | |
|---|---|---|---|
| ● 名詞の修飾語を作る： | 我的书 wǒ de shū | 你的笔 nǐ de bǐ | 漂亮的学校 piàoliang de xuéxiào |
| ● 名詞の代わりをする場合： | 这是我的书，不是你的。 Zhè shì wǒ de shū, bú shì nǐ de. | | 那是山田的。 Nà shì Shāntián de. |
| ●“的”を省略する場合： | 我们学校 wǒmen xuéxiào | 你家 nǐ jiā | 她弟弟 tā dìdi |

＊省略できる条件：人称代名詞 ＋ 親族・人間関係・所属先を表す名詞

**口头练习 kǒutóu liànxí**

**_____に“的”を入れて言ってみましょう。**

① 这是你______书吗？　　Zhè shì nǐ ____ shū ma?

② 那是老师______，不是我______。　　Nà shì lǎoshī ____, bú shì wǒ ____.

③ 她做______四川菜很好吃。　　Tā zuò ____ Sìchuāncài hěn hǎochī.

④ 我是上海大学______学生。　　Wǒ shì Shànghǎi Dàxué ____xuésheng.

### 2. 動詞“有”

何があるかを表す。　　＊否定は“没”か“没有”を使い、“不”は用いない。

場所＋“有／没(有)”＋人・物　　…に～がいる・ある／いない・ない

1) 那里有世界遗产。　　Nàli yǒu shìjiè yíchǎn.

2) 这儿没（有）人。　　Zhèr méi(yǒu) rén.

3) 学校有很多留学生。　　Xuéxiào yǒu hěn duō liúxuéshēng.

所有を表す：（主に）人が主語になる　　　いる / ある　持つ

1）我有妹妹，没有弟弟。　　Wǒ yǒu mèimei, méiyǒu dìdi.

2）他有词典。　　Tā yǒu cídiǎn.

3）你有时间吗？　　Nǐ yǒu shíjiān ma?

**口头练习** kǒutóu liànxí

**絵の下の語を＿＿＿に置き換えて疑問文を作り、そして肯定形と否定形で答えましょう。**

那儿有_人_吗？　　Nàr yǒu _rén_ ma?

——那儿有_人_。/ 那儿没有_人_。　　Nàr yǒu _rén_. / Nàr méiyǒu _rén_.

xuésheng ① 学生　　lǎoshī ② 老师　　shū ③ 书　　cídiǎn ④ 词典

## 3. 動詞“在”

何があるかは分かっていて、それがどこにあるかを表す。

人 / 物＋“在”＋場所　　…は～にいる / ある

1）你家在哪儿？——我家在大阪。　　Nǐ jiā zài nǎr? —— Wǒ jiā zài Dàbǎn.

2）山田在教室吗？——她不在教室。　　Shāntián zài jiàoshì ma? —— Tā bú zài jiàoshì.

3）你的书在这儿。　　Nǐ de shū zài zhèr.

CD-32

●●• **口头练习** kǒutóu liànxí •●●

**次の質問に答えてみましょう。**

| | |
|---|---|
| ① 你家在上海吗? | Nǐ jiā zài Shànghǎi ma? |
| ② 你家在哪儿? | Nǐ jiā zài nǎr? |
| ③ 你在哪儿? | Nǐ zài nǎr? |
| ④ 老师在教室吗? | Lǎoshī zài jiàoshì ma? |

## 4. 反復疑問文

| | |
|---|---|
| 肯定＋否定 | …か？ |
| 1）人多不多? | Rén duō bu duō? |
| 2）那是不是食堂? | Nà shì bu shì shítáng? |
| 3）你有没有兄弟姐妹? | Nǐ yǒu méiyǒu xiōngdìjiěmèi? |

●●• **口头练习** kǒutóu liànxí •●●

**次の疑問文を反復疑問文に変えて言ってみましょう。**

| | |
|---|---|
| ① 食堂大吗? | Shítáng dà ma? |
| ② 你来我家吗? | Nǐ lái wǒ jiā ma? |
| ③ 这是你的书吗? | Zhè shì nǐ de shū ma? |
| ④ 老师在教室吗? | Lǎoshī zài jiàoshì ma? |

## 笔头练习 bǐtóu liànxí

**1. 次の簡体字をピンインに書き換えてください。**

1）大阪 ______　2）上海 ______

3）哪儿 ______　4）独生子 ______

5）姐姐 ______　6）兄弟姐妹 ______

**2. 次のピンインを簡体字に直し、日本語に訳してください。**

1）Wǒ méiyǒu xiōngdìjiěmèi.

簡体字 ______

日本語 ______

2）Tā jiā bú zài Shànghǎi.

簡体字 ______

日本語 ______

3）Nǐ yǒu cídiǎn ma?

簡体字 ______

日本語 ______

**3. 次の日本語を中国語に訳してください。**

1）あなたの家はどこですか？

______

2）あそこに人がいますか？（反復疑問文）

______

3）私には兄と姉がいます。

______

# コラム 1

## ジャイアントパンダ

（第１課）

ジャイアントパンダは中国生まれの可愛い動物で、中国で国宝に指定された動物です。四川省成都の中心から北東におよそ15キロ離れた所に、成都ジャイアントパンダ繁殖研究基地があります。

パンダの木登りは天性のものです。

パンダは殆ど竹しか食べない動物です。竹には栄養が少ないので、1日20キロほどの竹を食べます。

1歳未満の子パンダたちはお互いにじゃれるのがとても好きです。

パンダがうたた寝のために高い木に登るのは、天敵から逃れて安心して眠るためです。

## 九寨溝（第２課）

九寨溝は中国四川省アバ、チベット族自治州にある自然保護区です。ここは1970年代に偶然発見されるまで前人未到の秘境でした。

黄龍
石灰が水底に沈殿してエメラルドグリーンの水を塞き止め、一面に無数の小さな池が作られています。

周囲を囲む海抜4千メートルを超える山脈からの雪溶け水が盆地に流れ込み、渓谷沿いに無数の美しい滝や湖が点在しています。

雪溶け水は随処で溜まり、堰止湖となります。九寨溝には大小108の堰止湖があり、地元の人々はこれを“海子hǎizǐ”（海の子）と呼んでいます。

太陽の光を受けて、色とりどりに光ることから“五彩池wǔcǎichí”（五色の池）と呼ばれています。

## 都江堰（第３課）

2300年前、蜀の統治者であった李氷（りひょう）親子が蜀の国を水害から救うべく、10万人を動員し山を切り開き、都江堰（とこうえん）を作りました。

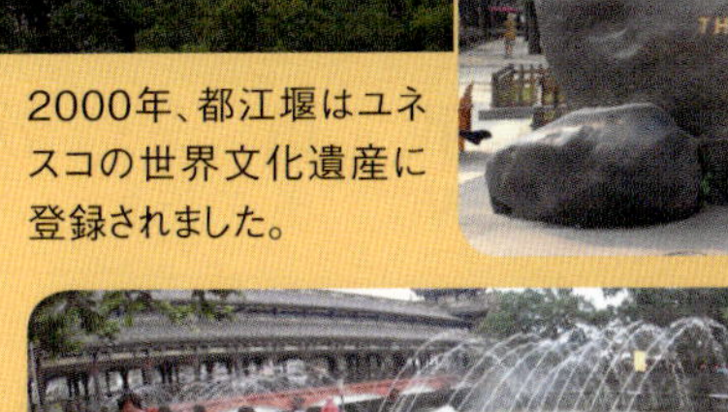

都江堰は紀元前3世紀に作られた岷江の治水施設です。この巧みな水利施設のお陰で岷江の成都平原に流れる水が一定量に保たれ、毎年の農産物の豊作が約束されています。

2000年、都江堰はユネスコの世界文化遺産に登録されました。

唐辛子の味付けで知られている四川料理が美味しいです。

蜀の国一円に住む人々は古くから悠々自適に暮らしています。成都の人たちは自慢の飲み屋街でのんびり食事を楽しんでいます。

## 一人っ子教育（第４課）

1980年代から、中国では人口抑制政策の影響で一人っ子家庭の占める割合が非常に高くなっています。

多くの家庭では子供に対する教育熱が高まり、小学校入学前からダンス、ピアノ、武術、演劇などいろんな習い事を始めさせ、我先に子供の知能開発に力を入れています。

中国子供音楽クラブのみなさんは新年早々日本に訪れ、ドラムやギターの腕前を披露しています。

一人っ子たちは両親、父方・母方の祖父母からの期待を一身に背負って成長していきます。

# Dì wǔ kè Qù Xīzàng<br>第五课 去 西藏

CD-33

**课文 kèwén** 初めて青海チベット鉄道の列車に乗りました。

A：你 好！ 你 在 哪儿 下 车？
Nǐ hǎo! Nǐ zài nǎr xià chē?

B：我 在 拉萨 下 车。 你 呢？
Wǒ zài Lāsà xià chē. Nǐ ne?

A：我 也 是。 我 第 一 次 去 拉萨。
Wǒ yě shì. Wǒ dì yī cì qù Lāsà.

B：我 家 在 拉萨，欢迎 你 来 我 的 家乡！
Wǒ jiā zài Lāsà, huānyíng nǐ lái wǒ de jiāxiāng!

A：列车 几 点 到 拉萨？
Lièchē jǐ diǎn dào Lāsà?

B：明天 下午 一 点 到。
Míngtiān xiàwǔ yì diǎn dào.

## 生词 shēngcí

1. **西藏**（名）Xīzàng　チベット自治区
2. **在**（介）zài　…で
3. **下车**（组）xià chē　下車する
4. **拉萨**（名）Lāsà　ラサ，チベット自治区の首府
5. **呢**（助）ne　…は？
6. **第一次**（名）dì yī cì　はじめて（の）
7. **欢迎**（动）huānyíng　ようこそ，歓迎する
8. **家乡**（名）jiāxiāng　ふるさと
9. **列车**（名）lièchē　列車
10. **几点**（组）jǐ diǎn　何時
11. **到**（动）dào　到着する
12. **下午**（名）xiàwǔ　午後
13. **…点**（量）…diǎn　…時

~~~~~~~~~~~~~~~~~~~~

1. **学**（动）xué　学ぶ

2. **汉语**（名）Hànyǔ　中国語
3. **看**（动）kàn　見る，読む
4. **小李**（名）Xiǎo Lǐ　李さん
5. **做作业**（组）zuò zuòyè　宿題をする
6. **散步**（动）sànbù　散歩する
7. **妈妈**（名）māma　お母さん
8. **东京**（名）Dōngjīng　東京
9. **早上**（名）zǎoshang　朝
10. **起床**（动）qǐchuáng　起きる
11. **上课**（动）shàngkè　授業に出る
12. **回家**（组）huí jiā　帰宅する
13. **晚上**（名）wǎnshang　晩
14. **上午**（名）shàngwǔ　午前
15. **午饭**（名）wǔfàn　昼食
16. **中午**（名）zhōngwǔ　昼

### 简体字

藏（藏）　艹　产　产　芦　蔗　藏
车（車）　一　车　车　车
欢（歡）　又　欢　欢　欢
乡（鄉）　乡　乡　乡

### 時間帯と時刻

| zǎoshang<br>早上<br>（朝） | shàngwǔ<br>上午<br>（午前） | zhōngwǔ<br>中午<br>（正午） | xiàwǔ<br>下午<br>（午後） | wǎnshang<br>晚上<br>（晩） |
|---|---|---|---|---|

| yì diǎn shí fēn<br>一点十分<br>（1：10） | liǎng diǎn<br>两点<br>（2：00） | sān diǎn yí kè<br>三点一刻<br>（3：15） | liù diǎn bàn<br>六点半<br>（6：30） | bā diǎn sān kè<br>八点三刻<br>（8：45） | chà wǔ fēn jiǔ diǎn<br>差五分九点<br>（8：55） |
|---|---|---|---|---|---|

Xiànzài jǐ diǎn?
**现在几点？**（今何時ですか？）

Xiànzài shí'èr diǎn.
**现在十二点。**（今 12 時です。）

Nǐ jǐ diǎn lái?
**你几点来？**（あなたは何時に来ますか？）

Wǒ xiàwǔ sān diǎn lái.
**我下午三点来。**（私は午後 3 時に来ます。）
~~~~~~~~~~~~~~~~~~~~

## 要点 yàodiǎn

CD-34

### 1. 前置词“在”

| “在”＋場所＋動詞 | …で～をする |
|---|---|
| 1）你在哪儿下车? | Nǐ zài nǎr xià chē? |
| 2）我在大学学汉语。 | Wǒ zài dàxué xué Hànyǔ. |
| 3）他在图书馆看书。 | Tā zài túshūguǎn kàn shū. |

**口头练习** kǒutóu liànxí

［　　］内の語を＿＿に置き換えて言ってみましょう。

小李在我家吃饭。　　Xiǎo Lǐ zài wǒ jiā chī fàn.

| shítáng chī fàn ① 食堂・吃饭 | jiàoshì zuò zuòyè ② 教室・做作业 | túshūguǎn kàn shū ③ 图书馆・看书 | gōngyuán sànbù ④ 公园・散步 |
|---|---|---|---|

### 2. 省略疑問文 …“呢”？

| 名詞＋“呢”？ | …は？ |
|---|---|
| 1）我在拉萨下车，你呢? | Wǒ zài Lāsà xià chē, nǐ ne? |
| 2）我姓王，你呢? —— 我姓李。 | Wǒ xìng Wáng, nǐ ne? —— Wǒ xìng Lǐ. |
| 3）妈妈呢? | Māma ne? |

*前後の文脈がない場合は，それがどこにあるのか、またはその人がどこにいるのかを尋ねる意味になる。

●・口头练习 kǒutóu liànxí ・●

**質問に答えてみましょう。**

① 我是上海人，你呢？　Wǒ shì Shànghǎirén, nǐ ne?

② 我老家在西藏，你呢？　Wǒ lǎojiā zài Xīzàng, nǐ ne?

③ 我吃包子，你呢？　Wǒ chī bāozi, nǐ ne?

④ 我十八岁，你呢？　Wǒ shíbā suì, nǐ ne?

## 3. 動詞 "欢迎"

"欢迎"＋主語＋動詞句　誰々が…するのを歓迎する

1）欢迎你来我的家乡。　Huānyíng nǐ lái wǒ de jiāxiāng.

2）欢迎你来中国。　Huānyíng nǐ lái Zhōngguó.

3）欢迎你们参观。　Huānyíng nǐmen cānguān.

●・口头练习 kǒutóu liànxí ・●

**[　　]内の語を＿＿に置き換えて言ってみましょう。**

欢迎你来＿我家＿。　Huānyíng nǐ lái ＿wǒ jiā＿.

| Rìběn<br>① 日本 | Běijīng<br>② 北京 | Dōngjīng<br>③ 东京 | wǒmen xuéxiào<br>④ 我们学校 |
|---|---|---|---|

## 4. 時刻の位置

| 時刻＋動詞句 | …に～をする |
|---|---|
| 1）列车明天下午一点到。 | Lièchē míngtiān xiàwǔ yì diǎn dào. |
| 2）我早上六点起床。 | Wǒ zǎoshang liù diǎn qǐchuáng. |
| 3）你们几点上课？ | Nǐmen jǐ jiǎn shàngkè? |

### 口头练习 kǒutóu liànxí

**絵の下の語を使って質問に答えましょう。**

Nǐ jǐ diǎn qǐchuáng?
① 你 几 点 起床？

zǎoshang qī diǎn
早上 七 点
朝7時

Nǐ bàba jǐ diǎn huí jiā?
② 你 爸爸 几 点 回 家？

wǎnshang bā diǎn
晚上 八 点
夜8時

Nǐmen jǐ diǎn shàngkè?
③ 你们 几 点 上课？

shàngwǔ jiǔ diǎn
上午 九 点
午前9時

Zánmen jǐ diǎn chī wǔfàn?
④ 咱们 几 点 吃 午饭？

zhōngwǔ shí'èr diǎn
中午 十二 点
昼12時

## 笔头练习 bǐtóu liànxí

**1.** 次の簡体字をピンインに書き換えてください。

1）下车 ____________　　2）第一次 ____________

3）我家 ____________　　4）欢迎 ____________

5）家乡 ____________　　6）明天 ____________

**2.** 次のピンインを簡体字に直し、日本語に訳してください。

1）　Wǒ zài Lāsà xià chē.

簡体字 ________________________________

日本語 ________________________________

2）　Huānyíng nǐ lái wǒ de jiāxiāng.

簡体字 ________________________________

日本語 ________________________________

3）　Wǒmen jiǔ diǎn shàngkè.

簡体字 ________________________________

日本語 ________________________________

**3.** 次の日本語を中国語に訳してください。

1）あなたたちが中国に来るのを歓迎します。

________________________________

2）私は朝６時に起きます。

________________________________

3）私は____大学で中国語を学びます。

________________________________

# Dì liù kè Hē sūyóuchá<br>第六课 喝 酥油茶

CD-36

**课文 kèwén** ラサ市内の茶館にて。

A： 咱们 休息 休息 吧。<br>Zánmen xiūxi xiūxi ba.

B： 好。 那儿 是 茶馆， 去 坐坐 吧。<br>Hǎo. Nàr shì cháguǎn, qù zuòzuo ba.

A： 他们 在 喝 什么?<br>Tāmen zài hē shénme?

B： 酥油茶。<br>Sūyóuchá.

A： 我 可以 尝尝 吗?<br>Wǒ kěyǐ chángchang ma?

B： 当然 可以。<br>Dāngrán kěyǐ.

## 生词 shēngcí

1. **喝**（动）hē　飲む
2. **酥油茶**（名）sūyóuchá　（チベット族・モンゴル族が飲む）バター茶
3. **休息**（动）xiūxi　休憩する
4. **那儿**（代）nàr　そこ，あそこ
5. **茶馆**（名）cháguǎn　（中国式）喫茶店
6. **坐**（动）zuò　座る
7. **在＋V**（副）zài+V　…しているところだ
8. **可以**（助动）kěyǐ　…してもかまわない
9. **尝**（动）cháng　味わう
10. **当然**（副）dāngrán　もちろん

---

1. **玩儿**（动）wánr　遊ぶ
2. **听**（动）tīng　聴く
3. **音乐**（名）yīnyuè　音楽
4. **干**（动）gàn　する，やる
5. **打工**（动）dǎgōng　アルバイトをする
6. **留学**（动）liúxué　留学する
7. **旅游**（动）lǚyóu　旅行する
8. **买东西**（组）mǎi dōngxi　買い物をする
9. **正在＋V**（副）zhèngzài+V　ちょうど…しているところだ
10. **跳舞**（动）tiàowǔ　踊る
11. **不能**（助动）bù néng　…してはいけない
12. **照相**（动）zhàoxiàng　写真を撮る
13. **踢足球**（组）tī zúqiú　サッカーをする
14. **衣服**（名）yīfu　服
15. **手机**（名）shǒujī　携帯電話

### 简体字

馆（館）　𠂊　饣　饣　馆

乐（楽）　㇀　𠂉　乐　乐

听（聴）　口　口　叮　听

喝（喝）　口　口　喝　喝

### 常用動詞と目的語の組み合わせ

| chī fàn<br>吃 饭<br>（食事する） | hē chá<br>喝 茶<br>（お茶を飲む） | kàn shū<br>看 书<br>（本を読む） | kàn diànshì<br>看 电视<br>（テレビを見る） | tīng yīnyuè<br>听 音乐<br>（音楽を聴く） | chàng gē<br>唱 歌<br>（歌を歌う） | zuò zuòyè<br>做 作业<br>（宿題をする） | |
|---|---|---|---|---|---|---|---|
| xiě zì<br>写 字<br>（字を書く） | xuéxí Hànyǔ<br>学习 汉语<br>（中国語を学ぶ） | mǎi dōngxi<br>买 东西<br>（買い物をする） | lái xuéxiào<br>来 学校<br>（学校に来る） | qù Zhōngguó<br>去 中国<br>（中国に行く） | huí jiā<br>回 家<br>（家に帰る） | qǐchuáng<br>起床<br>（起きる） | shuìjiào<br>睡觉<br>（寝る） |

Nǐ zài nǎr kàn shū?
你在哪儿看书？
（あなたはどこで本を読みますか？）

Wǒ zài túshūguǎn kàn shū.
—— 我在图书馆看书。
（私は図書館で本を読みます。）

## 要点 yàodiǎn

CD-37

### 1. 動詞の重ね型

動詞の繰り返し　　ちょっと…する、…してみる

| zuòzuo | kànkan | xiūxi xiūxi |
|---|---|---|
| 坐坐 | 看看 | 休息休息 |

1) 那儿是茶馆，去坐坐吧。　Nàr shì cháguǎn, qù zuòzuo ba.

2) 你们休息休息吧。　Nǐmen xiūxi xiūxi ba.

3) 他想去上海玩儿玩儿。　Tā xiǎng qù Shànghǎi wánrwanr.

**口头练习** kǒutóu liànxí

**____の動詞を重ね型にして、次の文を言いましょう。**

① 咱们_玩儿_吧。　Zánmen _wánr_ ba.

② 你们_唱_歌吧。　Nǐmen _chàng_ gē ba.

③ 你_休息_吧。　Nǐ _xiūxi_ ba.

④ 咱们_听_音乐吧。　Zánmen _tīng_ yīnyuè ba.

### 2. 連動文

主語＋"来"/"去"（＋場所）＋動詞（＋目的語）　　（…へ）～しに来る / 行く

1) 咱们去坐坐吧。　Zánmen qù zuòzuo ba.

2) 你来我家玩儿吧。　Nǐ lái wǒ jiā wánr ba.

3) 你去干什么？　Nǐ qù gàn shénme?

—— 我去打工。　—— Wǒ qù dǎgōng.

**口头练习** kǒutóu liànxí

[ ]内の語を＿＿に置き換えて言ってみましょう。

① 山田去 拉萨 旅游 。　　Shāntián qù Lāsà lǚyóu .

| Zhōngguó liúxué<br>中国・留学 | Běijīng wánr<br>北京・玩儿 |
|---|---|

② 小李来 我家 玩儿 。　　Xiǎo Lǐ lái wǒ jiā wánr .

| xuéxiào shàngkè<br>学校・上课 | Rìběn mǎi dōngxi<br>日本・买东西 |
|---|---|

## 3. 進行の表し方

副詞の"在"＋動詞　　…している

1）他们在喝什么？　　Tāmen zài hē shénme?

2）我在看书。　　Wǒ zài kàn shū.

3）他正在打工。　　Tā zhèngzài dǎgōng.

**口头练习** kǒutóu liànxí

**絵の下の語を使って質問に答えましょう。**

他（们）在干什么呢？　　Tā(men) zài gàn shénme ne?

kàn shū
① 看 书
本を読む

tīng yīnyuè
② 听 音乐
音楽を聴く

shàngkè
③ 上课
授業に出る

tiàowǔ
④ 跳舞
踊る

CD-38

## 4. 助動詞“可以”

“可以”＋動詞句　　…してもかまわない

*否定形は“不能”となる。

1）我可以尝尝吗?　Wǒ kěyǐ chángchang ma?

2）这里不能照相。　Zhèli bù néng zhàoxiàng.

3）明天你可以去玩儿。　Míngtiān nǐ kěyǐ qù wánr.

### 口头练习 kǒutóu liànxí

[　　]内の語を＿＿に置き換えて言ってみましょう。

妈妈，我可以 去玩儿 吗?　Māma, wǒ kěyǐ qù wánr ma?

—— 你不能 去玩儿 。　—— Nǐ bù néng qù wánr .

| qù tī zúqiú<br>① 去 踢 足球 | qù péngyou jiā<br>② 去 朋友 家 | mǎi yīfu<br>③ 买 衣服 | mǎi shǒujī<br>④ 买 手机 |
|---|---|---|---|

## 笔头练习 bǐtóu liànxí

**1. 次の簡体字をピンインに書き換えてください。**

1）那儿 ____________　　2）茶馆 ____________

3）喝什么 ____________　　4）酥油茶 ____________

5）尝尝 ____________　　6）当然 ____________

**2. 次のピンインを簡体字に直し、日本語に訳してください。**

1）　Nàr shì cháguǎn, qù zuòzuo ba.

簡体字 ____________

日本語 ____________

2）　Tāmen zài hē sūyóuchá.

簡体字 ____________

日本語 ____________

3）　Zánmen tīngting yīnyuè ba.

簡体字 ____________

日本語 ____________

**3. 次の日本語を中国語に訳してください。**

1）あなたは何をしているところですか？

____________

2）私たちは学校へ授業を受けに行きます。

____________

3）A：ここで写真を撮ってもいいですか？　B：ここで写真を撮ることはできません。

____________

# Dì qī kè　Bùdálāgōng
# 第七课　布达拉宫

CD - 39

**课文 kèwén**　ラサのシンボルであるポタラ宫を見学しました。

A：你　去　布达拉宫　了　吗？
Nǐ　qù　Bùdálāgōng　le　ma?

B：昨天　去　了。
Zuótiān　qù　le.

A：那里　人　真　多！
Nàli　rén　zhēn　duō!

B：我　买了　一　个　纪念品。
Wǒ　mǎile　yí　ge　jìniànpǐn.

A：我　也　买　了。
Wǒ　yě　mǎi　le.

B：我　明天　回　北京。　你　呢？
Wǒ　míngtiān　huí　Běijīng.　Nǐ　ne?

A：我　再　玩儿　三　天。
Wǒ　zài　wánr　sān　tiān.

B：以后　微信　联系。
Yǐhòu　Wēixìn　liánxì.

## 生词 shēngcí

1. **布达拉宫**（名）Bùdálāgōng　ポタラ宮
2. **了**（助）le　…た
3. **昨天**（名）zuótiān　昨日
4. **那里**（代）nàli　そこ，あそこ
5. **买**（动）mǎi　買う
6. **个**（量）ge　（人やものを数える）人，個
7. **纪念品**（名）jìniànpǐn　お土産
8. **回**（动）huí　帰る
9. **北京**（名）Běijīng　北京
10. **再**（副）zài　さらに
11. **玩儿**（动）wánr　遊ぶ
12. **…天**（量）…tiān　…日間
13. **以后**（名）yǐhòu　以後，これから
14. **微信**（名）Wēixìn　ウィーチャット（中国のスマートホン向けのメッセンジャーアプリ）
15. **联系**（动）liánxì　連絡する

---

1. **樱花**（名）yīnghuā　桜の花
2. **发音**（名）fāyīn　発音
3. **难**（形）nán　難しい
4. **高楼**（名）gāolóu　ビルディング
5. **杯**（量）bēi　（コップなどに入ったものを数える）杯
6. **茶**（名）chá　お茶
7. **咖啡**（名）kāfēi　コーヒー
8. **本**（量）běn　（本などを数える）冊
9. **张**（量）zhāng　（切符，紙などを数える）枚
10. **纸**（名）zhǐ　紙
11. **票**（名）piào　切符
12. **枝**（量）zhī　（ペンなどを数える）本
13. **毛笔**（名）máobǐ　筆
14. **铅笔**（名）qiānbǐ　鉛筆
15. **朋友**（名）péngyou　友人
16. **住**（动）zhù　泊まる
17. **…年**（量）…nián　…年間
18. **每天**（名）měitiān　毎日
19. **电视**（名）diànshì　テレビ
20. **…小时**（量）…xiǎoshí　…時間
21. **坐**（动）zuò　乗る
22. **电车**（名）diànchē　電車

### 简体字

达（達）　大　䊵大　讠大　达
个（個）　丿　人　个
买（買）　乛　乛　三　买
宫（宮）　宀　宀　宫　宫

### 時間の量

| wǔ fēnzhōng<br>五 分钟<br>（5 分間） | yí kè zhōng<br>一 刻 钟<br>（15 分間） | yí ge xiǎoshí<br>一 个 小时<br>（1 時間） | liǎng ge bàn xiǎoshí<br>两 个 半 小时<br>（2 時間半） | |
|---|---|---|---|---|
| liǎng tiān<br>两 天<br>（2 日間） | sān ge xīngqī<br>三 个 星期<br>（3 週間） | sì ge yuè<br>四 个 月<br>（4 ヶ月） | wǔ nián<br>五 年<br>（5 年間） | duō cháng shíjiān<br>多 长 时间<br>（どれくらいの時間） |

Nǐ xuéle duō cháng shíjiān Hànyǔ?
你学了多长时间汉语？
（あなたはどれくらい中国語を学びましたか？）

Wǒ xuéle yì nián Hànyǔ.
我学了一年汉语。
（私は 1 年間中国語を学びました。）

## 要点 yàodiǎn

CD - 40

### 1. 主述述語文　　述語がさらに「主語＋述語」からなる構文

主語＋[主語＋述語]　　…は～が―だ

1）那里人真多。　Nàli rén zhēn duō.

2）日本樱花很漂亮。　Rìběn yīnghuā hěn piàoliang.

3）汉语发音不难。　Hànyǔ fāyīn bù nán.

**口头练习** kǒutóu liànxí

[　　　]内から最も適切な単語を選んで____に入れ、完成した文を日本語に訳しましょう。

Shànghǎi　hěn duō.
① 上海______很 多。
上海は____が多い。

Běijīng　hěn dà.
② 北京______很 大。
北京は____が大きい。

Rìběn　hěn piàoliang.
③ 日本______很 漂亮。
日本は____が美しい。

Zhōngguó　hěn hǎochī.
④ 中国______很 好吃。
中国は____が美味しい。

| yīnghuā<br>樱花 | gāolóu<br>高楼 | jiǎozi<br>饺子 | gōngyuán<br>公园 |
|---|---|---|---|

## 2. 量詞

**数詞＋量詞＋名詞**

| | | |
|---|---|---|
| ge<br>1）个 | yí ge bāozi<br>一个包子 | liǎng ge xuésheng<br>两个学生 |
| bēi<br>2）杯 | sān bēi chá<br>三杯茶 | sì bēi kāfēi<br>四杯咖啡 |
| běn<br>3）本 | wǔ běn shū<br>五本书 | liù běn cídiǎn<br>六本词典 |
| zhāng<br>4）张 | qī zhāng zhǐ<br>七张纸 | bā zhāng piào<br>八张票 |
| zhī<br>5）枝 | jiǔ zhī máobǐ<br>九枝毛笔 | shí zhī qiānbǐ<br>十枝铅笔 |
| | jǐ ge rén<br>几个人 | jǐ běn shū<br>几本书 |

*「2つ」を表すには“两”を使い、“二”は使わない。
“几”は10までの数を予想して尋ねるのに用いる。いくつという意味。

**“这”／“那”／“哪”（＋数詞）＋量詞＋名詞**　　この、その、あの、どの…

| | | |
|---|---|---|
| zhè (yì) běn shū<br>这（一）本书 | nà liǎng běn shū<br>那两本书 | nǎ (yì) běn shū<br>哪（一）本书 |

*中国語では指示詞は直接名詞の前に置くことはできず，量詞を間に入れる。数詞が“一”のときは、よく省略される。

### 口头练习 kǒutóu liànxí

**＿＿に適切な量詞を入れて言いましょう。**

yì　qiānbǐ
① 一＿＿＿铅笔　

liǎng　piào
② 两＿＿＿票　

sān　péngyou
③ 三＿＿＿朋友　

sì　kāfēi
④ 四＿＿＿咖啡

wǔ　bāozi
⑤ 五＿＿＿包子　

zhè　cídiǎn
⑥ 这＿＿＿词典　

nà　rén
⑦ 那＿＿＿人　

nǎ　shū
⑧ 哪＿＿＿书

## 3. 助詞“了”（その１）

**動詞（＋目的語）＋“了”**　　…した

1）我昨天去了。　　Wǒ zuótiān qù le.

2）她没（有）去。　　Tā méi (yǒu) qù.

3）你去布达拉宫了吗？　　Nǐ qù Bùdálāgōng le ma?

*否定文は“没（有）”を動詞の前に置き、“了”をつけない。

数量詞を含むとき：動詞＋“了”＋数量詞＋目的語　　…した

1）我买了一个纪念品。　　Wǒ mǎile yí ge jìniànpǐn.

2）他吃了三十个饺子。　　Tā chīle sānshí ge jiǎozi.

**口头练习** kǒutóu liànxí

**次の文に“了”を入れて言いましょう。**

① 我买两张票。　　Wǒ mǎi liǎng zhāng piào.

② 你们吃什么？　　Nǐmen chī shénme?

③ 田中去中国。　　Tiánzhōng qù Zhōngguó.

④ 我玩儿三天。　　Wǒ wánr sān tiān.

## 4. 時間の量とその位置

動詞＋時間量＋(目的語)　　…（の間）～する / した

1）我再玩儿三天。　　Wǒ zài wánr sān tiān.

2）你在东京住了几天？　　Nǐ zài Dōngjīng zhùle jǐ tiān?

3）我学了一年汉语。　　Wǒ xuéle yì nián Hànyǔ.

**口头练习** kǒutóu liànxí

**次の文に時間量を入れて言ってみましょう。**

① 我每天看电视。（两个小时）　　Wǒ měitiān kàn diànshì. (liǎng ge xiǎoshí)

② 他每天学汉语。（一个小时）　　Tā měitiān xué Hànyǔ. (yí ge xiǎoshí)

③ 她每天坐电车。（半个小时）　　Tā měitiān zuò diànchē. (bàn ge xiǎoshí)

④ 我每天听音乐。（一个小时）　　Wǒ měitiān tīng yīnyuè. (yí ge xiǎoshí)

## 笔头练习 bǐtóu liànxí

**1. 次のピンインを簡体字に直し、日本語に訳してください。**

1） Nǐ qù Bùdálāgōng le ma?

簡体字 ____________________

日本語 ____________________

2） Nàli rén zhēn duō.

簡体字 ____________________

日本語 ____________________

3） Wǒ mǎile liǎng běn shū.

簡体字 ____________________

日本語 ____________________

**2. 日本語の意味に合うように、中国語の語句を並べ替えてください。**

1）旅游，你，吗，去，了，暑假　（あなたは夏休みに旅行に行きましたか？）

____________________

2）汉语，学了，我，两年　（私は２年間中国語を学びました。）

____________________

3）音乐，我，一个，听，小时，每天　（私は毎日１時間音楽を聴きます。）

____________________

**3. 次の日本語を中国語に訳してください。**

1）日本は桜の花がきれいです。

____________________

2）私はお茶を２杯飲みました。

____________________

3）私はお土産を買いませんでした。

____________________

# Dì bā kè　Lǚyóu
# 第八课　旅游

CD - 42

**课文 kèwén**　夏休みに南方へ遊びに行きました。

A：你　暑假　干　什么　了？
Nǐ　shǔjià　gàn　shénme　le?

B：我　去　旅游　了。　刚　从　南方　回来。
Wǒ　qù　lǚyóu　le.　Gāng　cóng　nánfāng　huílái.

A：南方　的　古镇　很　美　吧？
Nánfāng　de　gǔzhèn　hěn　měi　ba?

B：美极　了！
Měijí　le!

A：你　给　我　介绍　一下。
Nǐ　gěi　wǒ　jièshào　yíxià.

B：我　有　照片。　你　看，　都　在　手机　里。
Wǒ　yǒu　zhàopiàn.　Nǐ　kàn,　dōu　zài　shǒujī　li.

A：南方　的　雨　比　北方　多　吧？
Nánfāng　de　yǔ　bǐ　běifāng　duō　ba?

B：是　的。　没有　北方　这么　干燥。
Shì　de.　Méiyǒu　běifāng　zhème　gānzào.

## 生词 shēngcí

1. **旅游**（动）lǚyóu　旅行する
2. **暑假**（名）shǔjià　夏休み
3. **干**（动）gàn　する，やる
4. **刚**（副）gāng　…したばかり
5. **从**（介）cóng　…から（起点を表す）
6. **南方**（名）nánfāng　南方（揚子江以南を指す）
7. **回来**（动）huílái　帰ってくる
8. **古镇**（名）gǔzhèn　古い家並をとどめた町
9. **美**（形）měi　美しい
10. **…极了**（组）…jí le　すごく…だ
11. **给**（介）gěi　…に
12. **介绍**（动）jièshào　紹介する
13. **一下**（数量）yíxià　ちょっと
14. **照片**（名）zhàopiàn　写真
15. **你看**（组）nǐ kàn　ご覧なさい
16. **手机**（名）shǒujī　携帯電話
17. **里**（尾）li　…の中
18. **比**（介）bǐ　…より
19. **北方**（名）běifāng　北方（黄河流域およびそれ以北の地区）
20. **是的**（组）shì de　そうです
21. **没有**（动）méiyǒu　…ほどではない
22. **这么**（代）zhème　こんなに
23. **干燥**（形）gānzào　乾燥している

---

1. **爸爸**（名）bàba　お父さん
2. **出去**（动）chūqù　出かける
3. **进来**（动）jìnlái　入ってくる
4. **出发**（动）chūfā　出発する
5. **到**（介）dào　…まで
6. **要**（动）yào　かかる
7. **多长时间**（组）duō cháng shíjiān　どれくらい（の時間）
8. **分钟**（量）fēnzhōng　…分間
9. **打电话**（组）dǎ diànhuà　電話をする
10. **写**（动）xiě　書く
11. **信**（名）xìn　手紙
12. **礼物**（名）lǐwù　プレゼント
13. **英语**（名）Yīngyǔ　英語
14. **女生**（名）nǚshēng　女子学生
15. **男生**（名）nánshēng　男子学生
16. **远**（形）yuǎn　遠い
17. **哥哥**（名）gēge　兄
18. **高**（形）gāo　（背が）高い

### 简体字

刚（剛）　冂　冈　刚　刚

极（極）　木　朩　杒　极

从（従）　丿　人　从　从

写（写）　冖　冖　写　写

### 中国の世界遺産

Chángchéng **长城** 万里の長城（北京）

Gùgōng **故宫** 故宮（北京）

Yíhéyuán **颐和园** 頤和園（北京）

Tiāntán **天坛** 天壇（北京）

Jiǔzhàigōu **九寨沟** 九寨溝（四川省）

Bùdálāgōng **布达拉宫** ポタラ宮（チベット）

Lóngmén shíkū **龙门石窟** 龍門石窟（河南省洛陽市）

Nǐ xiǎng qù Chángchéng ma?
你想去长城吗？
（あなたは万里の長城に行きたいですか？）

Wǒ hěn xiǎng qù.
—— 我很想去。
（とても行きたいです。）

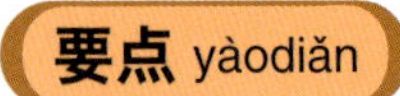

CD-43

## 1. 方向動詞と方向補語

| | 上 shàng | 下 xià | 进 jìn | 出 chū | 回 huí | 过 guò | 起 qǐ |
|---|---|---|---|---|---|---|---|
| 来 lái | 上来 | 下来 | 进来 | 出来 | 回来 | 过来 | 起来 |
| 去 qù | 上去 | 下去 | 进去 | 出去 | 回去 | 过去 | —— |

**主動詞＋(目的語＋)"来／去"**　　(…を) して来る / 行く

1) 爸爸回来了。　Bàba huílái le.

2) 妈妈出去了。　Māma chūqù le.

3) 老师进教室来了。　Lǎoshī jìn jiàoshì lái le.

### 口头练习 kǒutóu liànxí

**(　　) 内の主動詞を文中に入れて、できた文を訳してみましょう。**

① 老师来了。(进)　Lǎoshī lái le.　(jìn)

② 她来了。　(买)　Tā lái le.　(mǎi)

③ 他去了。　(回)　Tā qù le.　(huí)

④ 弟弟去了。(出)　Dìdi qù le.　(chū)

## 2. 前置詞 "从"

**从…**　…から

**到…**　…まで

1) 我刚从南方回来。　Wǒ gāng cóng nánfāng huílái.

2) 他们从学校出发。　Tāmen cóng xuéxiào chūfā.

3) 从我家到学校要一个小时。　Cóng wǒ jiā dào xuéxiào yào yí ge xiǎoshí.

### 口头练习 kǒutóu liànxí

[　　　]内の語を使って質問に答えましょう。

从你家到学校要多长时间？　　Cóng nǐ jiā dào xuéxiào yào duō cháng shíjiān?

| shíwǔ fēnzhōng<br>① 十五　分钟<br>15 分間 | bàn ge xiǎoshí<br>② 半 个 小时<br>30 分間 | yí ge xiǎoshí<br>③ 一 个 小时<br>1 時間 | liǎng ge xiǎoshí<br>④ 两 个 小时<br>2 時間 |
|---|---|---|---|

## 3. 前置詞 "给"

"给"＋(対象である)人＋動詞　　…に～をする

1) 给我介绍一下。　　Gěi wǒ jièshào yíxià.

2) 我给你们照相吧。　　Wǒ gěi nǐmen zhàoxiàng ba.

3) 你给妈妈打电话了吗？　　Nǐ gěi māma dǎ diànhuà le ma?

### 口头练习 kǒutóu liànxí

絵の下の語を＿＿＿に置き換えて言ってみましょう。

我给 他 买纪念品 。　　Wǒ gěi tā mǎi jìniànpǐn .

péngyou xiě xìn
① 朋友・写 信
友達・手紙を書く

māma dǎ diànhuà
② 妈妈・打 电话
母・電話をする

tā mǎi lǐwù
③ 她・买 礼物
彼女・プレゼントを買う

mèimei mǎi shū
④ 妹妹・买 书
妹・本を買う

CD-44

## 4. 比較表現“比”と“没有”

| | |
|---|---|
| A＋“比”＋B＋形容詞 | AはBより～である |
| A＋“没有”＋B＋形容詞 | AはBほど～ではない |

1）汉语比英语难。　Hànyǔ bǐ Yīngyǔ nán.

2）南方的雨比北方多吧？　Nánfāng de yǔ bǐ běifāng duō ba?

3）南方没有北方这么干燥。　Nánfāng méiyǒu běifāng zhème gānzào.

### 口头练习 kǒutóu liànxí

**質問に否定文で答えましょう。**

① 这个比那个贵吗？　Zhège bǐ nàge guì ma?

② 女生比男生多吗？　Nǚshēng bǐ nánshēng duō ma?

③ 你家比他家远吗？　Nǐ jiā bǐ tā jiā yuǎn ma?

④ 弟弟比哥哥高吗？　Dìdi bǐ gēge gāo ma?

## 笔头练习 bǐtóu liànxí

**1.** **次のピンインを簡体字に直し、日本語に訳してください。**

1） Nǐ shǔjià qù nǎr le?

簡体字 ______________________________

日本語 ______________________________

2） Wǒ qù nánfāng lǚyóu le.

簡体字 ______________________________

日本語 ______________________________

3） Wǒ gěi nǐmen zhàoxiàng ba.

簡体字 ______________________________

日本語 ______________________________

**2.** **日本語の意味に合うように、中国語の語句を並べ替えてください。**

1） 家，她，去，了，回　（彼女は家に帰っていきました。）

______________________________

2） 冷，没有，今天，昨天　（今日は昨日ほど寒くありません 。）

______________________________

3） 学校，多长时间，到，你家，从，要（あなたの家から学校までどれくらい時間かかりますか？）

______________________________

**3.** **次の日本語を中国語に訳してください。**

1） 昨日、私は北京から帰ってきたばかりです。

______________________________

2） 弟はお兄さんより背が高いです。

______________________________

3） 私に電話してください。

______________________________

## コラム 2

# 青海チベット鉄道
（第５課）

2006年に高原鉄道青海～チベット線が開通しました。青海省の西寧からチベットのラサまでおよそ2000キロメートルあり、平均標高は4500メートルあります。最高地点のタングラ峠は5070メートルに達するため、人々はこの鉄道を“天路tiānlù”（空を行く道）と呼んでいます。

標高があまりにも高いので、列車は乗客が呼吸困難に陥らないように窓を閉めて車内に絶えず酸素を供給しており、まるで巨大な酸素タンクのようです。

崑崙山脈近辺では鉄道が夏にも溶けない永年凍土の上を通っています。

列車が終点のラサに近づくと、車窓の外が緑になり、村人の働く姿も見かけるようになります。鉄道開通のお陰で、チベット自治区の経済も大きく発展しました。

# ラサを歩く
（第６課）

チベットのラサ市は海抜3650メートルの高原都市であり、もっとも太陽に近い都市と言われています。聖地のランドマーク―ポタラ宮が市内に聳え立っています。

“大昭寺Dàzhāosì”（日本語名トゥルナン寺）はポタラ宮と同じく世界遺産に登録され、中には釈迦牟尼仏の12歳の時の金像が祭られています。世に2つとない宝物です。

“马尼石mǎníshí”（マニ石）は信者が奉納するお経を彫り刻んだ石です。

大昭寺の正門前は五体投地礼を捧げる人たちでいっぱいです。

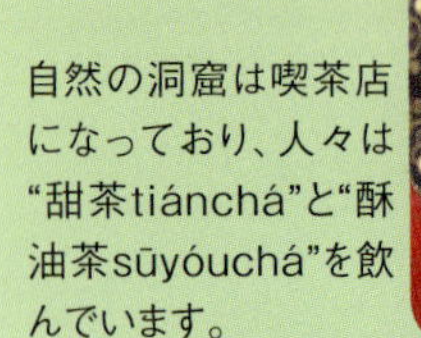

自然の洞窟は喫茶店になっており、人々は“甜茶tiánchá”と“酥油茶sūyóuchá”を飲んでいます。

“色拉寺Sèlāsì”（セラ寺）は600年前に開山したチベット仏教ゲルク派の重要寺院です。僧侶たちはお経に対する理解を一問一答式に論戦しています。

COLUMN

## ポタラ宮
（第７課）

中国チベット自治区の中心都市ラサ市の中心地にある赤の山全体を覆うように聳え立っているのはチベット仏教の聖地、世界遺産ポタラ宮です。7世紀に建てられ、1300年の歴史を有します。

巡礼者たちはラサに訪れると、場所を問わず仏様に最高の礼である「五体投地礼」を捧げます。彼らは山や川を越え、無人の荒野や人ごみの中を踏み越えて、昼夜を問わずひたすら敬虔に一身長刻みに進み、チベット仏教の聖地ラサを目指します。

ポタラ宮の宮殿の中には亡くなった歴代のダライ・ラマの遺骨が納められている霊塔があります。霊塔はチベット仏教独特のものです。

“转经轮zhuànjīnglún”（マニ車）はチベット仏教の仏具で、中にはお経が入っています。チベットの信者たちはマニ車を肌身離さずに持って、歩きながらくるくる回します。

毎日大勢の巡礼者たちがチベットのあちこちからお参りに訪れます。敬虔な信者たちにとって、数ヶ月もしくは数年かけて聖地ラサを訪れてポタラ宮をお参りすることは一生一度の夢です。

## 古鎮
（第８課）

“江南水乡Jiāngnán shuǐxiāng”は揚子江下流地域の豊富な水源によって川岸周辺に沿って作られた古い町です。近年中国は急速に発展し、道の渋滞や人の混雑に悩まされた大都会の人々は昔ながらの“古镇gǔzhèn”に注目しています。こうした古い村落は急ピッチの発展から取り残され、何百年も前から時間が止まったように姿が変わっていません。

“爨底下村Cuàndǐxiàcūn”は北京門頭溝区にある村で、山の勾配を利用して造られた山間の村落です。

安徽省の黄山の麓に、800年前に作られた古い村落の宏村が佇んでいます。南宋の時代に「汪」という苗字の一族がやってきて、風水がいいからここに村を作ったと言い伝えられています。

“丽江古城Lìjiānggǔchéng”（麗江古城）は雲南と四川とチベットを結ぶ交通の要所にあるナシ族の町です。漢族、チベット族、モンゴル族などの多民族文化を集約した古い村落です。

これらの古鎮は、ゆったりとしたライフスタイルを保ち、大都会の暮らしには見られない景色や風土、そして古くから伝えられてきた文化、習俗などが不思議にも都会人の心に安らぎを与えてくれるのです。

# Dì jiǔ kè　Yíhéyuán
# 第九课　颐和园

CD - 45

**课文 kèwén**　日曜日に北京の郊外にある頤和園へ行くことにしました。

A：星期天，　咱们　去　玩儿玩儿　吧。
Xīngqītiān, zánmen qù wánrwanr ba.

B：好　啊！　去　颐和园，　还是　去　长城？
Hǎo a! Qù Yíhéyuán, háishi qù Chángchéng?

A：去　颐和园，　怎么样？
Qù Yíhéyuán, zěnmeyàng?

B：好。　怎么　去？
Hǎo. Zěnme qù?

A：坐　地铁　去。
Zuò dìtiě qù.

B：离　学校　远　不　远？
Lí xuéxiào yuǎn bu yuǎn?

A：挺　远　的。　要　一　个　小时。
Tǐng yuǎn de. Yào yí ge xiǎoshí.

B：那　咱们　吃完　早饭　就　走。
Nà zánmen chīwán zǎofàn jiù zǒu.

## 生词 shēngcí

1. **颐和园**（名）Yíhéyuán　頤和園
2. **星期天**（名）xīngqītiān　日曜日
3. **还是**（连）háishi　それとも
4. **怎么样**（代）zěnmeyàng　どうですか
5. **怎么**（代）zěnme　どのように
6. **坐**（动）zuò　乗る
7. **地铁**（名）dìtiě　地下鉄
8. **离**（介）lí　…から
9. **远**（形）yuǎn　遠い
10. **挺…的**（组）tǐng…de　なかなか…だ
11. **要**（动）yào　かかる
12. **…小时**（量）…xiǎoshí　…時間
13. **那**（连）nà　それでは
14. **V＋完**（动）V+wán　…し終わる
15. **早饭**（名）zǎofàn　朝食
16. **就**（副）jiù　すぐに
17. **走**（动）zǒu　（出発して）行く

---

1. **红茶**（名）hóngchá　紅茶
2. **车站**（名）chēzhàn　駅
3. **最近**（名）zuìjìn　最近
4. **话**（名）huà　ことば
5. **听懂**（动）tīngdǒng　聴いて分かる
6. **写好**（动）xiěhǎo　書き上げる
7. **买到**（动）mǎidào　手に入る

### 简体字

离（離）　亠　亠　离　离　离

园（園）　冂　冃　冋　园

铁（鉄）　钅　钅　铁　铁

远（遠）　元　元　远　远

### 常用動詞と結果補語の組み合わせ

| hēwán<br>喝完<br>（飲み終える） | kàndǒng<br>看懂<br>（読んで分かる） | kànjian<br>看见<br>（見える） | zhǎodào<br>找到<br>（見つかる） | shuìhǎo<br>睡好<br>（ぐっすり眠る） | xiěcuò<br>写错<br>（書き間違える） |
|---|---|---|---|---|---|
| chīwán<br>吃完<br>（食べ終える） | tīngdǒng<br>听懂<br>（聴いて分かる） | tīngjian<br>听见<br>（聞こえる） | mǎidào<br>买到<br>（手に入る） | xuéhǎo<br>学好<br>（マスターする） | shuōcuò<br>说错<br>（言い間違える） |

Nà běn xiǎoshuō, nǐ kànwán le ma?
那本小说，你看完了吗？
（あの小説をあなたは読み終えましたか？）

Wǒ hái méi(yǒu) kànwán.
——我还没（有）看完。
（私はまだ読み終えていません。）

Zuówǎn, nǐ shuìhǎo le ma?
昨晚，你睡好了吗？
（昨夜、よく眠りましたか？）

Wǒ shuìhǎo le.
——我睡好了。
（よく眠りました。）

## 要点 yàodiǎn

CD-46

### 1. 選択疑問文 …“还是”～？

| …“还是”～？ | …か、それとも～か？ |
|---|---|
| 1) 你吃包子，还是吃饺子？ | Nǐ chī bāozi, háishi chī jiǎozi? |
| 2) 你学汉语，还是学英语？ | Nǐ xué Hànyǔ, háishi xué Yīngyǔ? |
| 3) 咱们去颐和园，还是去长城？ | Zánmen qù Yíhéyuán, háishi qù Chángchéng? |

#### 口头练习 kǒutóu liànxí

**挙げられた語を使って、選択疑問文を作ってみましょう。**

| | |
|---|---|
| ① 你们今天去・明天去 | nǐmen jīntiān qù · míngtiān qù |
| ② 这是你的书・他的书 | zhè shì nǐ de shū · tā de shū |
| ③ 你喝咖啡・喝红茶 | nǐ hē kāfēi · hē hóngchá |
| ④ 你想去北京・上海 | nǐ xiǎng qù Běijīng · Shànghǎi |

### 2. 前置詞“离”

| （場所詞＋）“离”＋場所詞… | …から（近い・遠い） |
|---|---|
| 1) 我家离学校很近。 | Wǒ jiā lí xuéxiào hěn jìn. |
| 2) 车站离这儿不远。 | Chēzhàn lí zhèr bù yuǎn. |
| 3) 颐和园离学校远不远？ | Yíhéyuán lí xuéxiào yuǎn bu yuǎn? |

●・口头练习 kǒutóu liànxí・●

**絵の下の語を＿＿に置き換えて、言ってみましょう。**

长城离这儿非常远。　　Chángchéng lí zhèr fēicháng yuǎn.

| | | | |
|---|---|---|---|
| gōngyuán hěn jìn | xuéxiào bù yuǎn | wǒ jiā hěn yuǎn | chēzhàn bú jìn |
| ① 公园・很 近 | ② 学校・不 远 | ③ 我 家・很 远 | ④ 车站・不 近 |
| 公園・近い | 学校・遠くない | 私の家・遠い | 駅・近くない |

## 3. 副詞"挺"

"挺"＋形容詞＋"的"　　なかなか…だ，どうも…だ

1）这个菜挺好吃的。　Zhège cài tǐng hǎochī de.

2）那本词典挺贵的。　Nà běn cídiǎn tǐng guì de.

3）颐和园离这儿挺远的。　Yíhéyuán lí zhèr tǐng yuǎn de.

●・口头练习 kǒutóu liànxí・●

**つぎの疑問文に"挺…的"の形で答えましょう。**

① 你家远吗？　Nǐ jiā yuǎn ma?

② 他汉语好吗？　Tā Hànyǔ hǎo ma?

③ 今天作业多不多？　Jīntiān zuòyè duō bu duō?

④ 你最近忙不忙？　Nǐ zuìjìn máng bu máng?

CD-47

## 4. 結果補語

主動詞＋動詞 / 形容詞　　動作の結果を表す

1）我吃完饭了。　Wǒ chīwán fàn le.

2）他还没（有）吃完饭。　Tā hái méi(yǒu) chīwán fàn.

3）他的话你听懂了吗？　Tā de huà nǐ tīngdǒng le ma?

*否定は“没”か“没有”を使う。

### 口头练习 kǒutóu liànxí

**肯定文を否定文に改めましょう。**

① 这本书我看完了。　Zhè běn shū wǒ kànwán le.

② 老师的话我听懂了。　Lǎoshī de huà wǒ tīngdǒng le.

③ 信我写好了。　Xìn wǒ xiěhǎo le.

④ 那本词典我买到了。　Nà běn cídiǎn wǒ mǎidào le.

## 笔头练习 bǐtóu liànxí

### 1. 次のピンインを簡体字に直し、日本語に訳してください。

1） Wǒ chīwán zǎofàn le.

簡体字 ______

日本語 ______

2） Zánmen qù wánrwanr, zěnmeyàng?

簡体字 ______

日本語 ______

3） Qù Yíhéyuán yào yí ge xiǎoshí.

簡体字 ______

日本語 ______

### 2. 日本語の意味に合うように、中国語の語句を並べ替えてください。

1）的，没听懂，话，我，你　（あなたが言ったことを私は聴いて分かりませんでした。）

______

2）玩儿，颐和园，去，咱们，吧，星期天（日曜日に私たちは頤和園へ遊びに行きましょう。）

______

3）离，长城，不远，学校，远　（万里の長城は学校から遠いですか？）

______

### 3. 次の日本語を中国語に訳してください。

1）A：私たちはどうやって行きますか？　B：地下鉄で行きましょう。

______

2）あなたたちは餃子を食べますか、それとも肉まんを食べますか？

______

3）A：あなたは最近忙しいですか？　B：なかなか忙しいです。

______

Dì shí kè　Liúlichǎng

# 第十课　琉璃厂

CD - 48

## 课文 kèwén

書道用品の専門店が並ぶ北京の瑠璃廠（るりしょう）文化街に行きます。

A：我 今天 下午 去 琉璃厂。
Wǒ jīntiān xiàwǔ qù Liúlichǎng.

B：你 想 买 什么？
Nǐ xiǎng mǎi shénme?

A：我 想 买 毛笔。
Wǒ xiǎng mǎi máobǐ.

B：我 也 想 去 看看。
Wǒ yě xiǎng qù kànkan.

A：好，咱们 下了 课 一起 去 吧。
Hǎo, zánmen xiàle kè yìqǐ qù ba.

２人は瑠璃廠文化街にやって来ました。

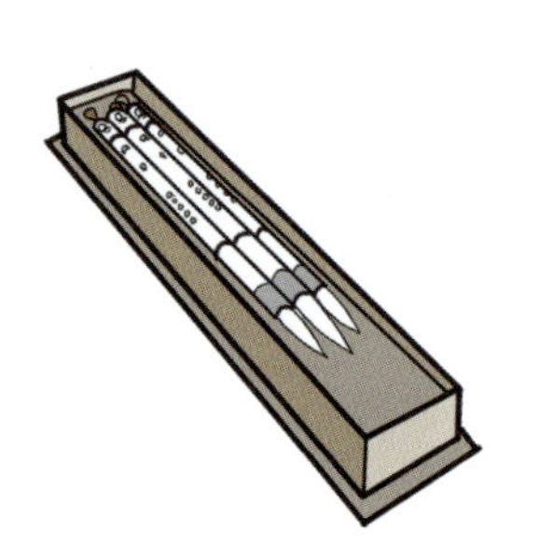

A：你 来过 琉璃厂 吗？
Nǐ láiguo Liúlichǎng ma?

B：来过 一 次。我 很 喜欢 这里。
Láiguo yí cì. Wǒ hěn xǐhuan zhèli.

A：我 喜欢 书法，经常 来 这儿。
Wǒ xǐhuan shūfǎ, jīngcháng lái zhèr.

## 生词 shēngcí

1. 琉璃厂（名）Liúlichǎng　瑠璃廠
2. 毛笔（名）máobǐ　筆
3. 下课（动）xiàkè　授業が終わる
4. V＋了＋O＋V（助）le　…したら～する
5. V＋过（助）guo　…したことがある
6. 次（量）cì　回
7. 喜欢（动）xǐhuan　好き
8. 书法（名）shūfǎ　書道
9. 经常（副）jīngcháng　いつも

1. 放假（动）fàngjià　休みになる
2. 遍（量）biàn（動作の始まりから終わりまでの全過程を強調する）回
3. 课文（名）kèwén　本文
4. 念（动）niàn（声を出して）読む
5. 电影（名）diànyǐng　映画
6. 游泳（动）yóuyǒng　泳ぐ
7. 打棒球（组）dǎ bàngqiú　野球をする
8. 唱卡拉OK（组）chàng kǎlā OK　カラオケを歌う

### 简体字

厂（廠）　一　厂

笔（筆）　⺮　竺　笁　笔

过（過）　寸　过　讨　过

书（書）　㇆　⺕　书　书

### お金の言い方

書き言葉：元 yuán　角 jiǎo　分 fēn　　1元＝10角　1角＝10分

話し言葉：块 kuài　毛 máo　分 fēn

| Rìyuán | yíwàn Rìyuán | Měiyuán | yìbǎi Měiyuán |
|---|---|---|---|
| 日元 | 一万日元 | 美元 | 一百美元 |
| （日本円） | （1万日本円） | （米ドル） | （百米ドル） |

Qǐngwèn, zài nǎr kěyǐ huàn qián?
请问，在哪儿可以换钱？
（お尋ねしますが、どこでお金の両替ができますか？）

Zhège duōshao qián?
这个多少钱？
（これはいくらですか？）

Yìbǎi wǔshí kuài.
—— 一百五十块。
（150元です。）

## 要点 yàodiǎn

CD-49

### 1. 助詞“了”（その2）

動詞$_1$＋“了”＋目的語＋動詞$_2$　　…したら～する

1）下了课去图书馆。　Xiàle kè qù túshūguǎn.

2）我买了书回家。　Wǒ mǎile shū huí jiā.

3）咱们下了课一起去吧。　Zánmen xiàle kè yìqǐ qù ba.

#### 口头练习 kǒutóu liànxí

**前の語句に“了”を加え，1つの文にして言ってみましょう。**

① 我下课・去打工　wǒ xiàkè · qù dǎgōng

② 我吃饭・去学校　wǒ chī fàn · qù xuéxiào

③ 咱们放假・去旅游吧　zánmen fàngjià · qù lǚyóu ba

④ 你下车・给我打电话　nǐ xià chē · gěi wǒ dǎ diànhuà

### 2. 経験を表す“过”

動詞＋“过”＋目的語　　…したことがある

1）我去过中国。　Wǒ qùguo Zhōngguó.

2）他没（有）吃过四川菜。　Tā méi(yǒu) chīguo Sìchuāncài.

3）你来过这儿吗？　Nǐ láiguo zhèr ma?

**口头练习** kǒutóu liànxí

[　　]内の語を＿＿に置き換えて肯定文と否定文を言ってみましょう。

我 去 过 上海 。　　Wǒ qù guo Shànghǎi .

| ① 听・中国歌 | ② 吃・饺子 | ③ 学・汉语 | ④ 来・日本 |
| --- | --- | --- | --- |
| tīng Zhōngguógē | chī jiǎozi | xué Hànyǔ | lái Rìběn |
| 聴く・中国の歌 | 食べる・餃子 | 学ぶ・中国語 | 来る・日本 |

## 3. 数量補語

| 動詞＋回数（＋目的語） | 動作・行為が行われる回数を表す |
| --- | --- |
| 1）我给他打了一次电话。 | Wǒ gěi tā dǎle yí cì diànhuà. |
| 2）这本书，我看过两遍。 | Zhè běn shū, wǒ kànguo liǎng biàn. |
| 3）她来过一次这里。 | Tā láiguo yí cì zhèli. |

**口头练习** kǒutóu liànxí

**数量補語を使って質問に答えましょう。**

| | | | |
| --- | --- | --- | --- |
| ① 他去过中国吗？ | （两次） | Tā qùguo Zhōngguó ma? | (liǎng cì) |
| ② 你给他打电话了吗？ | （一次） | Nǐ gěi tā dǎ diànhuà le ma? | (yí cì) |
| ③ 课文，你念了吗？ | （三遍） | Kèwén, nǐ niàn le ma? | (sān biàn) |
| ④ 这个电影你看过吗？ | （一遍） | Zhège diànyǐng nǐ kànguo ma? | (yí biàn) |

CD-50

## 4. 動詞“喜欢”

“喜欢”＋目的語（名詞 / 動詞）　　…（すること）が好きだ

1）我喜欢听音乐。　　Wǒ xǐhuan tīng yīnyuè.

2）你喜欢足球吗？　　Nǐ xǐhuan zúqiú ma?

—— 我喜欢看足球，不喜欢踢足球。　　—— Wǒ xǐhuan kàn zúqiú, bù xǐhuan tī zúqiú.

3）我很喜欢这里。　　Wǒ hěn xǐhuan zhèli.

### 口头练习 kǒutóu liànxí

**絵の下の語を＿＿＿に入れて自分の好き嫌いを言ってみましょう。**

我喜欢＿＿＿＿＿。　　Wǒ xǐhuan ＿＿＿＿.

我不喜欢＿＿＿＿＿。　　Wǒ bù xǐhuan ＿＿＿＿.

yóuyǒng
① 游泳
泳ぐ

dǎ bàngqiú
② 打 棒球
野球をする

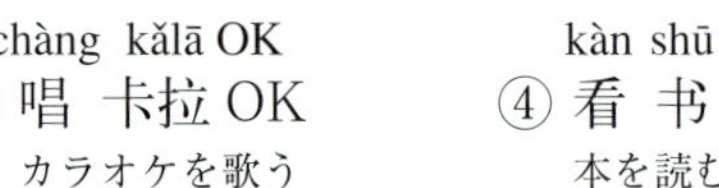

chàng kǎlā OK
③ 唱 卡拉 OK
カラオケを歌う

kàn shū
④ 看 书
本を読む

＊【趣味のいろいろ】第 12 課にある。

## 笔头练习 bǐtóu liànxí

**1.** 次のピンインを簡体字に直し、日本語に訳してください。

1） Nǐ xǐhuan shénme?

簡体字 ______________________________

日本語 ______________________________

2） Wǒ xiǎng qù Liúlichǎng mǎi máobǐ.

簡体字 ______________________________

日本語 ______________________________

3） Tā láiguo liǎng cì zhèli.

簡体字 ______________________________

日本語 ______________________________

**2.** 日本語の意味に合うように、中国語の語句を並べ替えてください。

1）课文，我，遍，念了，两　（私は本文を 2 回読みました。）

______________________________

2）琉璃厂，去，下午，你，吗　（あなたは午後瑠璃廠に行きますか？）

______________________________

3）一起，了，饭，咱们，吧，去，吃　（食事したら一緒に行きましょう。）

______________________________

**3.** 次の日本語を中国語に訳してください。

1）私もよくここに来ます。

______________________________

2）A：あなたたちは中国に行ったことがありますか？　B：行ったことはありません。

______________________________

3）A：あなたはカラオケを歌うのが好きですか？　B：とても好きです。

______________________________

# 第十一课 中国酒

CD-51

**课文 kèwén** 20歳の誕生パーティーで中国のお酒を飲みます。

A：祝 你 二十 岁 生日 快乐！
Zhù nǐ èrshí suì shēngrì kuàilè!

B：谢谢！ 今天 我 可以 喝 酒 了。
Xièxie! Jīntiān wǒ kěyǐ hē jiǔ le.

A：来， 干杯！
Lái, gānbēi!

B：这 是 绍兴酒 吧？ 好喝。
Zhè shì shàoxīngjiǔ ba? Hǎohē.

A：对。 你 喜欢 喝， 我 送 你 一 瓶。
Duì. Nǐ xǐhuan hē, wǒ sòng nǐ yì píng.

B：绍兴酒 度数 不 高， 我 能 喝。
Shàoxīngjiǔ dùshu bù gāo, wǒ néng hē.

A：你 尝尝 这个 菜。
Nǐ chángchang zhège cài.

B：喝 中国酒， 吃 中国菜， 太 美 了！
Hē Zhōngguójiǔ, chī Zhōngguócài, tài měi le!

## 生词 shēngcí

1. **中国酒**（名）Zhōngguójiǔ　中国のお酒
2. **祝**（动）zhù　祈る
3. **岁**（量）suì　（年齢）歳
4. **生日**（名）shēngrì　誕生日
5. **快乐**（形）kuàilè　楽しい
6. **来**（动）lái　（人を促して）さあ
7. **干杯**（动）gānbēi　乾杯する
8. **绍兴酒**（名）shàoxīngjiǔ　紹興酒
9. **好喝**（形）hǎohē　（飲み物が）美味しい
10. **送**（动）sòng　贈る
11. **瓶**（量）píng　ビン
12. **度数**（名）dùshu　度数
13. **高**（形）gāo　高い
14. **能**（助动）néng　～することができる
15. **这个**（代）zhège　この
16. **菜**（名）cài　料理
17. **太…了**（组）tài…le　あまりにも…だ
18. **美**（形）měi　素晴らしい

---

1. **身体**（名）shēntǐ　体
2. **健康**（形）jiànkāng　健康である
3. **大家**（名）dàjiā　みんな
4. **学习**（名·动）xuéxí　学習（する）
5. **进步**（动）jìnbù　進歩する
6. **新年**（名）xīnnián　新年
7. **生活**（名）shēnghuó　暮らし
8. **幸福**（形）xìngfú　幸せである
9. **愉快**（形）yúkuài　愉快である
10. **工作**（名·动）gōngzuò　仕事（をする）
11. **顺利**（形）shùnlì　順調である
12. **教**（动）jiāo　教える
13. **问**（动）wèn　聞く
14. **问题**（名）wèntí　質問
15. **跑马拉松**（组）pǎo mǎlāsōng　マラソンを走る
16. **开车**（动）kāichē　車を運転する

### 简体字

干（乾）　一　二　干

绍（紹）　纟　纟　纫　绍

对（対）　フ　又　对　对

兴（興）　丶　⺍　⺍一　兴

### お酒と有名な中国のお酒

| báijiǔ<br>白酒<br>（蒸留酒） | shàoxīngjiǔ<br>绍兴酒<br>（紹興酒） | pútáojiǔ<br>葡萄酒<br>（ワイン） | báilándì<br>白兰地<br>（ブランデー） | wēishìjì<br>威士忌<br>（ウイスキー） | píjiǔ<br>啤酒<br>（ビール） |
|---|---|---|---|---|---|
| Máotáijiǔ<br>茅台酒<br>（マオタイ酒） | Wǔliángyè<br>五粮液<br>（五糧液） | Èrguōtóu<br>二锅头<br>（二鍋頭） | Fénjiǔ<br>汾酒<br>（汾酒） | Guìhuāchénjiǔ<br>桂花陈酒<br>（桂花陳酒） | |

Nǐ hēguo Zhōngguójiǔ ma?
你喝过中国酒吗?
（中国のお酒を飲んだことがありますか？）

Méi hēguo. Wǒ xiǎng chángchang.
—— 没喝过。我想尝尝。
（飲んだことはありません。味わってみたいです。）

## 要点 yàodiǎn

CD-52

### 1. 動詞"祝"

| | |
|---|---|
| "祝"＋人… | 誰々が…でありますように祈ります |
| 1）祝妈妈身体健康！ | Zhù māma shēntǐ jiànkāng! |
| 2）祝大家学习进步！ | Zhù dàjiā xuéxí jìnbù! |
| 3）祝你生日快乐！ | Zhù nǐ shēngrì kuàilè! |

**口头练习** kǒutóu liànxí

[　　　]内の語を＿＿に置き換えて言ってみましょう。

祝 你 生日 快乐 ！　　Zhù nǐ shēngrì kuàilè !

① 你・新年・快乐（nǐ xīnnián kuàilè）あなた・新年・楽しい

② 你们・生活・幸福（nǐmen shēnghuó xìngfú）あなたたち・暮らし・幸せだ

③ 大家・旅游・愉快（dàjiā lǚyóu yúkuài）みなさん・旅行・愉快だ

④ 爸爸・工作・顺利（bàba gōngzuò shùnlì）お父さん・仕事・順調だ

### 2. 助詞"了"（その3）

| | |
|---|---|
| …了 | …になった |
| 1）秋天了。凉快了。 | Qiūtiān le.Liángkuai le. |
| 2）你二十岁了，是大人了。 | Nǐ èrshí suì le,shì dàrén le. |
| 3）我可以喝酒了。 | Wǒ kěyǐ hē jiǔ le. |

#### 口头练习 kǒutóu liànxí

_____に"了"を入れて言ってみましょう。そして日本語に訳してみましょう。

| | |
|---|---|
| ① 我姐姐今年二十三岁______。 | Wǒ jiějie jīnnián èrshisān suì ____. |
| ② 现在九点______。 | Xiànzài jiǔ diǎn ____. |
| ③ 天气冷______。 | Tiānqì lěng ____. |
| ④ 弟弟比我高______。 | Dìdi bǐ wǒ gāo ____. |

## 3. 二重目的語

| | |
|---|---|
| 動詞＋目的語 1 ＋目的語 2 | （人）に…を～する |
| 1）老师教我们汉语。 | Lǎoshī jiāo wǒmen Hànyǔ. |
| 2）我问老师问题。 | Wǒ wèn lǎoshī wèntí. |
| 3）我送你一瓶酒。 | Wǒ sòng nǐ yì píng jiǔ. |

#### 口头练习 kǒutóu liànxí

（　　）内の語を使って質問に答えましょう。

| | | | |
|---|---|---|---|
| ① 你送朋友什么？ | （一本书） | Nǐ sòng péngyou shénme? | (yì běn shū) |
| ② 你问谁问题了？ | （老师） | Nǐ wèn shéi wèntí le? | (lǎoshī) |
| ③ 老师教你们什么？ | （汉语） | Lǎoshī jiāo nǐmen shénme? | (Hànyǔ) |
| ④ 妈妈教你什么？ | （跳舞） | Māma jiāo nǐ shénme? | (tiàowǔ) |

CD-53

## 4. 助動詞“能”

“能”＋動詞 …できる

1）你能来吗？——能。／不能。 Nǐ néng lái ma? —— Néng./Bù néng.

2）他能跑马拉松。 Tā néng pǎo mǎlāsōng.

3）我今天开车，不能喝酒。 Wǒ jīntiān kāichē, bù néng hē jiǔ.

### 口头练习 kǒutóu liànxí

[　　]内の語を＿＿＿に入れて疑問文を作り、そして答えましょう。

你明天能＿＿＿吗？ Nǐ míngtiān néng ＿＿ ma?

| lái wǒ jiā<br>① 来 我 家<br>私の家に来る | qù xuéxiào<br>② 去 学校<br>学校に行く | xiūxi<br>③ 休息<br>休む | shàngkè<br>④ 上课<br>授業に出る |
|---|---|---|---|

## 笔头练习 bǐtóu liànxí

**1.** **次のピンインを簡体字に直し、日本語に訳してください。**

1) Lái, gānbēi! Zhù nǐ shēngrì kuàilè!

簡体字 ______________________________

日本語 ______________________________

2) Shàoxīngjiǔ dùshu bù gāo.

簡体字 ______________________________

日本語 ______________________________

3) Nǐmen chángchang zhège cài.

簡体字 ______________________________

日本語 ______________________________

**2.** **日本語の意味に合うように、中国語の語句を並べ替えてください。**

1) 上课，今天，来，他，能　（今日、彼は授業に来られます。）

______________________________

2) 喝酒，二十岁，可以，了，我，了　（私は20歳になって、お酒を飲むことができるようになりました。）

______________________________

3) 我，朋友，中国酒，送，一瓶　（私は友達に中国のお酒を1本プレゼントします。）

______________________________

**3.** **次の日本語を中国語に訳してください。**

1) 紹興酒はすごく美味しいです。

______________________________

2) 私は明日あなたの家に行くことができません。

______________________________

3) 先生は私たちに中国語を教えてくださいます。

______________________________

# 第十二课　孔子

CD-54

**课文 kèwén**　中国の思想家・孔子について…

A：你　知道　孔子　吗？
Nǐ　zhīdào　Kǒngzǐ　ma?

B：他　是　历史　上　有名　的　思想家。
Tā　shì　lìshǐ　shang　yǒumíng　de　sīxiǎngjiā.

A：看来，你　对　中国　文化　很　熟悉。
Kànlái,　nǐ　duì　Zhōngguó　wénhuà　hěn　shúxi.

B：很　感　兴趣。我　还　会　背　《论语》　呢！
Hěn　gǎn　xìngqù.　Wǒ　hái　huì　bèi　«Lúnyǔ»　ne!

A：你　能　用　汉语　背　吗？
Nǐ　néng　yòng　Hànyǔ　bèi　ma?

B：能。你　听听，对　不　对？
Néng.　Nǐ　tīngting,　duì　bu　duì?

A：发音　很　标准！
Fāyīn　hěn　biāozhǔn!

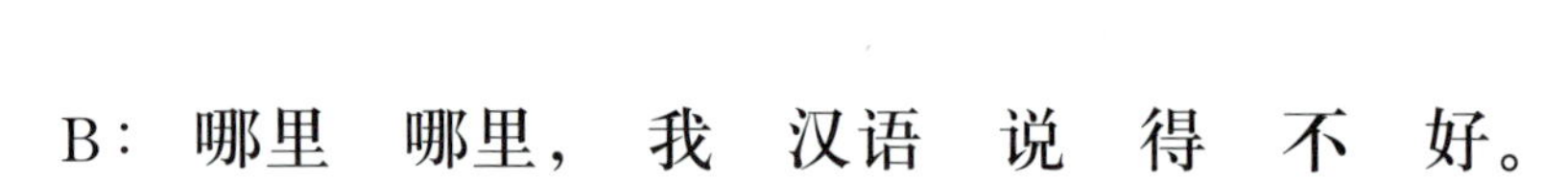

B：哪里　哪里，我　汉语　说　得　不　好。
Nǎli　nǎli,　wǒ　Hànyǔ　shuō　de　bù　hǎo.

## 生词 shēngcí

1. **孔子**（名）Kǒngzǐ　孔子
2. **知道**（动）zhīdào　知る
3. **历史**（名）lìshǐ　歴史
4. **上**（尾）shang　…の上
5. **有名**（形）yǒumíng　有名である
6. **思想家**（名）sīxiǎngjiā　思想家
7. **看来**（动）kànlái　見たところ
8. **对**（介）duì　…に（対して、ついて）
9. **文化**（名）wénhuà　文化
10. **熟悉**（形）shúxi　詳しい
11. **感兴趣**（组）gǎn xìngqù　興味を持つ
12. **还**（副）hái　その上、さらに
13. **会**（助动）huì　（技能が）できる
14. **背**（动）bèi　暗唱する
15. **论语**（名）Lúnyǔ　『論語』
16. **用**（介）yòng　…で
17. **汉语**（名）Hànyǔ　中国語
18. **听**（动）tīng　聴く
19. **对**（形）duì　正しい
20. **发音**（名）fāyīn　発音
21. **标准**（形）biāozhǔn　標準的である
22. **哪里哪里**（组）nǎli nǎli　（褒められたときに謙遜して）いやいや、とんでもない
23. **说**（动）shuō　話す
24. **得**（助）de　（様態補語を導く）
25. **好**（形）hǎo　うまい

---

1. **热情**（形）rèqíng　親切である
2. **做菜**（组）zuò cài　おかずを作る
3. **包饺子**（组）bāo jiǎozi　餃子を作る
4. **讲课**（动）jiǎngkè　授業する
5. **跑**（动）pǎo　走る
6. **快**（形）kuài　速い
7. **慢**（形）màn　遅い
8. **写字**（组）xiě zì　字を書く

### 简体字

历（歴）　一　厂　厅　历
论（論）　讠　讣　论　论
汉（漢）　氵　汈　汉
标（標）　木　杧　杅　标
准（準）　冫　㓁　准　准

### 趣味のいろいろ

kàn xiǎoshuō
看 小说（小説を読む）

kàn diànyǐng
看 电影（映画を見る）

chàng kǎlā OK
唱 卡拉 OK（カラオケを歌う）

shàngwǎng
上网（インターネットを見る）

tán gāngqín
弹 钢琴（ピアノを弾く）

dēngshān
登山（登山する）

lǚyóu
旅游（旅行する）

yóuyǒng
游泳（泳ぐ）

huáxuě
滑雪（スキーする）

dǎ bàngqiú
打 棒球（野球する）

dǎ pīngpāngqiú
打 乒乓球（卓球する）

dǎ wǎngqiú
打 网球（テニスする）

huà huàr
画 画儿（絵を描く）

tiào jiēwǔ
跳 街舞（ストリートダンスをする）

Nǐ xǐhuan shénme?
你喜欢什么？
（あなたは何が好きですか？）

Wǒ xǐhuan lǚyóu. Nǐ ne?
—— 我喜欢旅游。你呢？
（私は旅行が好きです。あなたは？）

Nǐ huì yóuyǒng ma?
你会游泳吗？
（あなたは泳げますか？）

Huì. Búguò, wǒ yóu de bú kuài.
—— 会。不过，我游得不快。
（泳げます。でも、泳ぐのは速くありません。）

## 要点 yàodiǎn

CD-55

### 1. 前置詞"对"

| 对… | …に（対して，ついて） |
|---|---|
| 1）他对人很热情。 | Tā duì rén hěn rèqíng. |
| 2）我们对外国文化很感兴趣。 | Wǒmen duì wàiguó wénhuà hěn gǎn xìngqù. |
| 3）她对中国文化很熟悉。 | Tā duì Zhōngguó wénhuà hěn shúxi. |

#### 口头练习 kǒutóu liànxí

［　　］内の語を＿＿に入れて言ってみましょう。

我对＿＿很感兴趣。　　Wǒ duì ＿＿ hěn gǎn xìngqù.

| Zhōngguó lìshǐ<br>① 中国　历史<br>中国の歴史 | wàiguó yīnyuè<br>② 外国　音乐<br>外国の音楽 | Rìběn wénxué<br>③ 日本　文学<br>日本文学 | Měiguó diànyǐng<br>④ 美国　电影<br>アメリカの映画 |
|---|---|---|---|

### 2. 助動詞"会"

| "会"＋動詞 | （技能が）できる |
|---|---|
| 1）她会说汉语。 | Tā huì shuō Hànyǔ. |
| 2）我不会跳舞。 | Wǒ bú huì tiàowǔ. |
| 3）你会不会做中国菜？ | Nǐ huì bu huì zuò Zhōngguócài? |

#### 口头练习 kǒutóu liànxí

質問に答えてみましょう。

| | |
|---|---|
| ① 你会说英语吗？ | Nǐ huì shuō Yīngyǔ ma? |
| ② 你会做中国菜吗？ | Nǐ huì zuò Zhōngguócài ma? |
| ③ 你会不会跳舞？ | Nǐ huì bu huì tiàowǔ? |
| ④ 你会不会包饺子？ | Nǐ huì bu huì bāo jiǎozi? |

## 3. 前置詞“用”

“用”＋名詞＋動詞（＋目的語）　　…で～する

1）老师用英语讲课。　Lǎoshī yòng Yīngyǔ jiǎngkè.

3）可以用铅笔写吗？　Kěyǐ yòng qiānbǐ xiě ma?

2）我能用汉语背《论语》。　Wǒ néng yòng Hànyǔ bèi «Lúnyǔ».

### 口头练习 kǒutóu liànxí

［　　］の中から適当な語を選んで＿＿に入れ、できた文を日本語に訳しましょう。

① 用＿＿＿照相。　Yòng ＿＿＿ zhàoxiàng.

② 用＿＿＿做作业。　Yòng ＿＿＿ zuò zuòyè.

③ 用＿＿＿听音乐。　Yòng ＿＿＿ tīng yīnyuè.

④ 用＿＿＿回答。　Yòng ＿＿＿ huídá.

| Hànyǔ<br>汉语<br>中国語 | shǒujī<br>手机<br>携帯電話 | qiānbǐ<br>铅笔<br>鉛筆 | diànnǎo<br>电脑<br>パソコン |
|---|---|---|---|

## 4. 様態補語

動詞＋“得”＋様態補語（形容詞）　　…するのが～だ

1）他跑得很快。　Tā pǎo de hěn kuài.

2）我跑得不快。　Wǒ pǎo de bú kuài.

3）你跑得快不快？　Nǐ pǎo de kuài bu kuài?

主語（＋動詞）＋目的語＋動詞＋“得”＋様態補語　　…するのが～だ

1）她（写）字写得真漂亮。　Tā (xiě) zì xiě de zhēn piàoliang.

2）你（包）饺子包得快吗？　Nǐ (bāo) jiǎozi bāo de kuài ma?

3）我（说）汉语说得不好。　Wǒ (shuō) Hànyǔ shuō de bù hǎo.

CD - 56

### 口头练习 kǒutóu liànxí

絵の下の語を＿＿＿に置き換えて言ってみましょう。

她 写字 写 得 很 漂亮 。　　Tā xiě zì xiě de hěn piàoliang .

bāo jiǎozi　bāo　hěn kuài
① 包饺子・包・很快
餃子を包む・速い

chī fàn　chī　hěn màn
② 吃饭・吃・很慢
ご飯を食べる・遅い

shuō Hànyǔ shuō　bù hǎo
③ 说汉语・说・不好
中国語を話す・うまくない

chàng gē chàng hěn hǎo
④ 唱歌・唱・很好
歌を歌う・うまい

## 笔头练习 bǐtóu liànxí

**1. 次のピンインを簡体字に直し、日本語に訳してください。**

1) Kǒngzǐ shì lìshǐ shang yǒumíng de sīxiǎngjiā.

簡体字 ＿＿＿＿＿＿＿＿＿＿＿＿＿＿＿＿＿＿＿＿

日本語 ＿＿＿＿＿＿＿＿＿＿＿＿＿＿＿＿＿＿＿＿

2) Nǐ zhīdào «Lúnyǔ» ma?

簡体字 ＿＿＿＿＿＿＿＿＿＿＿＿＿＿＿＿＿＿＿＿

日本語 ＿＿＿＿＿＿＿＿＿＿＿＿＿＿＿＿＿＿＿＿

3) Nǐ tīngting, wǒ de fāyīn duì bu duì?

簡体字 ＿＿＿＿＿＿＿＿＿＿＿＿＿＿＿＿＿＿＿＿

日本語 ＿＿＿＿＿＿＿＿＿＿＿＿＿＿＿＿＿＿＿＿

**2. 日本語の意味に合うように、中国語の語句を並べ替えてください。**

1) 唱歌，她，非常好，得，唱　（彼女は歌を歌うのが非常にうまいです。）

＿＿＿＿＿＿＿＿＿＿＿＿＿＿＿＿＿＿＿＿

2) 用，你，说，英语，吗，能　（あなたは英語で話すことができますか？）

＿＿＿＿＿＿＿＿＿＿＿＿＿＿＿＿＿＿＿＿

3) 感兴趣，中国历史，对，很，我　（私は中国の歴史にとても興味があります。）

＿＿＿＿＿＿＿＿＿＿＿＿＿＿＿＿＿＿＿＿

**3. 次の日本語を中国語に訳してください。**

1) A：あなたは中国語を話すのが本当に上手ですね！　B：とんでもないです。

＿＿＿＿＿＿＿＿＿＿＿＿＿＿＿＿＿＿＿＿

2) A：あなたは餃子を作ることができますか。　B：できません。

＿＿＿＿＿＿＿＿＿＿＿＿＿＿＿＿＿＿＿＿

3) 見たところ、あなたは中国についてとても詳しいですね。

＿＿＿＿＿＿＿＿＿＿＿＿＿＿＿＿＿＿＿＿

## コラム 3

### 頤和園
（第9課）

“颐和园Yíhéyuán”（頤和園いわえん）は清王朝皇室専用の離宮で、世界遺産に登録されています。清朝の康熙帝から雍正帝・乾隆帝の時代にかけて、北京の西に68平方キロメートルにわたる広大な皇室庭園が造られました。

“万寿山Wànshòushān”（万寿山）は頤和園の湖に面する山で、昆明湖を作るために掘った土を積み上げげてできた山です。

“苏州街Sūzhōujiē”（蘇州街）
清朝第6代皇帝乾隆帝が揚子江下流の江南地方の水郷と庭園をこよなく愛し、6回にわたって江南を巡回し、江南の風景を北京の頤和園にたくさん取り入れました。蘇州街はその1つです。川岸に沿って、軒並み色々な店が並んでいます。

十七孔橋は橋脚をアーチで繋げた石造りの橋です。蘇州の宝帯橋と盧溝橋のデザインを参考にしたと言われています。

“石舫Shífǎng”は水辺にある大きな屋形船で、頤和園にある唯一の洋風デザインのものです。これは船に見せかけた石造りの建物で、西太后お気に入りの揺れない舟です。

### 瑠璃廠
（第10課）

瑠璃廠は北京随一の文化街です。昔は瑠璃瓦の工場で、宮廷用の瑠璃瓦を焼く釜がありました。今では釜が郊外に移され、名前だけが残っています。

ここの殆どの店では書物や文房具、有名人が書いた絵や書などを売る傍ら、値打ちのあるものがあれば買い取りもします。

“文房四宝wénfángsìbǎo”
文房というのは文人の書斎です。その書斎に欠かせないのが筆・墨・紙・硯です。これらは4つの宝物と称され、瑠璃廠開業以来の数百年変わらない売り物です。

古風な街並みに100年以上の老舗がずらりと並んでいます。都心にしては珍しく高層ビルも見えず、のんびりとした雰囲気が漂う静かなところです。

瑠璃廠の店では骨董品も扱っています。陶磁器は遥か紀元前4千年頃から彩陶土器が現れ、唐・宋・元・明・清と各時代それぞれの特色があり、世界各地にもたらされました。陶磁器は英語で「チャイナ」と呼ぶように中華文明を代表するものであると言えます。

# COLUMN

## 中国酒文化

（第11課）

"茅台酒Máotáijiǔ"は貴州省茅台鎮で作られたお酒で、中国を代表する名酒です。

酒は国の祭典から家庭でのお祝いや季節の変わり目、人生の節目に至るまでいつもお祝いごとの大役を担っています。

酒は農耕文化の産物で、中国では穀物酒が特に普及しています。

"女儿红Nǚ'érhóng"
昔江南辺りの家庭では娘の誕生に合わせて酒を作り、庭に埋蔵して熟成させます。娘の嫁入りの日を待って土から掘り出し、お祝いの席でみんなに振る舞いました。

"李白Lǐ Bái"は詩の仙人と呼ばれる傍ら、酒の仙人という雅号も付いています。彼は生涯酒を愛し、酒に関する詩歌も多く残しました。

## 孔子と孔子廟

（第12課）

孔子は紀元前の中国の思想家で、儒学の創始者でもあります。孔子の思想は時代を超えて世の道徳の基本を示し、歴代王朝の国創りの礎と見なされています。

孔子廟は紀元前478年に建てられた孔子を祭る霊廟です。2500年の間代々の帝王がこれを増改築して、現在9つの庭園が南北に繋がる大きな霊廟になっています。

孔子は天下大同を理想社会としています。それは「仁」人を愛する心、「礼」守るべき礼儀、秩序によって実現できるとしています。

孔子は誰でも教育を受ける権利があると主張し、最初の私学を作りました。門下には弟子が3000人いて、賢人が72人育てられました。

孔林は孔子一族の墓地で、孔子もここに埋葬されています。お墓のそばには弟子の子貢が住まいを構え、6年間に渡り孔子の墓守りをしました。孔子廟、孔府、孔林は1994年にユネスコの世界文化遺産に登録されました。

Dì shísān kè　　Hūnlǐ

# 第十三课　婚礼

CD-57

## 课文 kèwén　友人の結婚式に出席しました。

A：接　新娘　的　车队　来　了。
Jiē　xīnniáng　de　chēduì　lái　le.

B：车队　一　到，婚礼　就　开始。
Chēduì　yí　dào,　hūnlǐ　jiù　kāishǐ.

A：中国人　的　婚礼　真　热闹！
Zhōngguórén　de　hūnlǐ　zhēn　rènao!

B：新郎、新娘　要　给　大家　发　喜糖。
Xīnláng、xīnniáng　yào　gěi　dàjiā　fā　xǐtáng.

A：还　要　给　我们　敬　喜酒！
Hái　yào　gěi　wǒmen　jìng　xǐjiǔ!

B：你　别　喝　酒，你　是　开车　来　的。
Nǐ　bié　hē　jiǔ,　nǐ　shì　kāichē　lái　de.

A：我　知道！我　以　茶　代　酒。
Wǒ　zhīdào!　Wǒ　yǐ　chá　dài　jiǔ.

B：来，祝　新郎　新娘　永远　幸福！　干杯！
Lái,　zhù　xīnláng　xīnniáng　yǒngyuǎn　xìngfú!　Gānbēi!

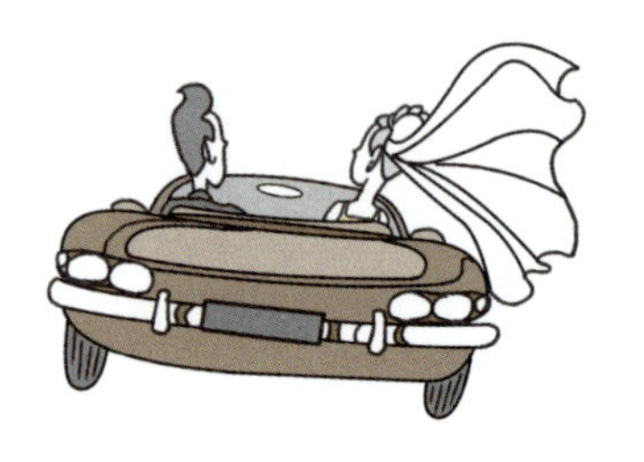

## 生词 shēngcí

1. **婚礼**（名）hūnlǐ　結婚式
2. **接**（动）jiē　迎える
3. **新娘**（名）xīnniáng　新婦
4. **车队**（名）chēduì　自動車などの隊列
5. **一…就～**（组）yī…jiù~　…するとすぐ～
6. **开始**（动）kāishǐ　始まる，始める
7. **热闹**（形）rènao　賑やかである
8. **新郎**（名）xīnláng　新郎
9. **要**（助动）yào　必ず…する
10. **大家**（名）dàjiā　みんな
11. **发**（动）fā　配る
12. **喜糖**（名）xǐtáng　婚礼の時に配る祝いのあめ
13. **敬**（动）jìng　（敬意を表して酒・お茶などを）すすめる
14. **喜酒**（名）xǐjiǔ　婚礼の時の祝い酒
15. **别**（副）bié　するな，しないで
16. **是…的**（组）shì…de　…したのだ
17. **开车**（动）kāichē　車を運転する
18. **以茶代酒**（组）yǐ chá dài jiǔ　お酒の代わりにお茶を飲む
19. **永远**（副）yǒngyuǎn　いつまでも，永遠に
20. **幸福**（形）xìngfú　幸せである

1. **做饭**（组）zuò fàn　ご飯を作る
2. **春天**（名）chūntiān　春
3. **夏天**（名）xiàtiān　夏
4. **秋天**（名）qiūtiān　秋
5. **红叶**（名）hóngyè　もみじ
6. **冬天**（名）dōngtiān　冬
7. **滑雪**（动）huáxuě　スキーをする
8. **迟到**（动）chídào　遅刻する
9. **下雨**（组）xià yǔ　雨が降る
10. **网上**（名）wǎngshàng　ネット（IT 用語）

### 简体字

队（隊）　阝　阝　队　队

开（開）　一　二　于　开

热（熱）　扌　执　执　热

发（発）　𠂉　ナ　发　发

### 中国と日本の都市名

| | | | | | | | |
|---|---|---|---|---|---|---|---|
| Běijīng | Shànghǎi | Chóngqìng | Guǎngzhōu | Xī'ān | Sūzhōu | Dàlián | Qīngdǎo |
| 北京（北京） | 上海（上海） | 重庆（重慶） | 广州（広州） | 西安（西安） | 苏州（蘇州） | 大连（大連） | 青岛（青島） |
| Dōngjīng | Dàbǎn | Jīngdū | Nàiliáng | Shénhù | Héngbīn | Mínggǔwū | Zháhuǎng |
| 东京（東京） | 大阪（大阪） | 京都（京都） | 奈良（奈良） | 神户（神戸） | 横滨（横浜） | 名古屋（名古屋） | 札幌（札幌） |

Nǐ jiā zài nǎr?
你家在哪儿？
（あなたの家はどこですか？）

Wǒ jiā zài Jīngdū.
—— 我家在京都。
（私の家は京都です。）

Zánmen qù Běijīng lǚyóu ba.
咱们去北京旅游吧。
（私たちは北京へ旅行に行きましょう。）

Hǎo a!
—— 好啊！
（いいですね。）

## 要点 yàodiǎn

CD-58

### 1. 一…就～　　…するとすぐ～，…すると必ず～

1）车队一到，婚礼就开始。　Chēduì yí dào, hūnlǐ jiù kāishǐ.

2）一到家，她就做饭。　Yí dào jiā, tā jiù zuò fàn.

3）一下课，他就去打工。　Yí xiàkè, tā jiù qù dǎgōng.

**口头练习** kǒutóu liànxí

**絵の下の語を＿＿＿に入れて言ってみましょう。**

一到＿＿＿，我就去＿＿＿。　Yí dào ＿＿, wǒ jiù qù ＿＿.

chūntiān kàn yīnghuā
① 春天 · 看樱花
春・桜を見る

xiàtiān yóuyǒng
② 夏天 · 游泳
夏・泳ぐ

qiūtiān kàn hóngyè
③ 秋天 · 看红叶
秋・もみじを見る

dōngtiān huáxuě
④ 冬天 · 滑雪
冬・スキーをする

### 2. 助動詞 “要”

“要”＋動詞句　…しようとする，…する（必要がある）

1）新郎、新娘要给大家发喜糖。　Xīnláng、xīnniáng yào gěi dàjiā fā xǐtáng.

2）今天晚上我要去打工。　Jīntiān wǎnshang wǒ yào qù dǎgōng.

3）星期天我要去朋友家。　Xīngqītiān wǒ yào qù péngyou jiā.

### 口头练习 kǒutóu liànxí

[　　]内の語を＿＿＿に置き換えて言ってみましょう。

明天＿我＿要 去＿朋友家＿。　　Míngtiān ＿wǒ＿ yào qù ＿péngyou jiā＿.

| | |
|---|---|
| jiějie Měiguó<br>① 姐姐 · 美国<br>お姉さん・アメリカ | gēge dǎgōng<br>② 哥哥 · 打工<br>お兄さん・アルバイトする |
| mèimei tiàowǔ<br>③ 妹妹 · 跳舞<br>妹・踊る | dìdi yóuyǒng<br>④ 弟弟 · 游泳<br>弟・泳ぐ |

## 3. 副詞“别”

“别”＋動詞句　　…しないで，…するな（禁止）

1）你别喝酒。　　Nǐ bié hē jiǔ.

2）上课别迟到。　　Shàngkè bié chídào.

3）下雨了。别出去了。　　Xià yǔ le. Bié chūqù le.

### 口头练习 kǒutóu liànxí

次の提案の文を禁止の文に改め、できた文を日本語に訳してください。

例：你吃吧。→ 你别吃。　　Nǐ chī ba. → Nǐ bié chī.

① 你来吧。　　Nǐ lái ba.

② 你看吧。　　Nǐ kàn ba.

③ 你说吧。　　Nǐ shuō ba.

④ 你们去吧。　　Nǐmen qù ba.

CD - 59

## 4. 是…的

"是"＋時間 / 場所 / 方法など＋動詞＋"的"（＋目的語）　　…したのだ

すでに行われた動作について時間 / 場所 / 方法などを説明する。動詞に目的語がある場合、"的" は動詞の後・目的語の前に置く。

1）你是开车来的。　Nǐ shì kāichē lái de.

2）你（是）在哪儿学的汉语？　Nǐ (shì) zài nǎr xué de Hànyǔ?

　我（是）在大学学的汉语。　Wǒ (shì) zài dàxué xué de Hànyǔ.

3）他不是昨天到的，他（是）今天到的。　Tā bú shì zuótiān dào de, tā (shì) jīntiān dào de.

### 口头练习 kǒutóu liànxí

［　　］内の語を使って次の質問に答えてください。

① 他（是）什么时候到的？　Tā (shì) shénme shíhou dào de?

② 你（是）怎么来的？　Nǐ (shì) zěnme lái de?

③ 这（是）在哪儿买的？　Zhè (shì) zài nǎr mǎi de?

④ 这个菜（是）谁做的？　Zhège cài (shì) shéi zuò de?

| wǎngshàng<br>a 网上<br>ネット | zuótiān<br>b 昨天<br>昨日 | bàba<br>c 爸爸<br>お父さん | kāichē<br>d 开车<br>車を運転する |
|---|---|---|---|

## 笔头练习 bǐtóu liànxí

**1. 次のピンインを簡体字に直し、日本語に訳してください。**

1) Chēduì yí dào, hūnlǐ jiù kāishǐ.

簡体字 ______

日本語 ______

2) Nǐ bié hē jiǔ, nǐ shì kāichē lái de.

簡体字 ______

日本語 ______

3) Xīngqītiān wǒ yào qù péngyou jiā.

簡体字 ______

日本語 ______

**2. 日本語の意味に合うように、中国語の語句を並べ替えてください。**

1) 一，打工，就，下课，她，去　（授業が終わると彼女はすぐアルバイトに行きます。）

______

2) 要，红叶，星期天，姐姐，看，去　（日曜日、姉はもみじ狩りに行くつもりです。）

______

3) 汉语，是，在，你，学，哪儿，的　（あなたはどこで中国語を学んだのですか？）

______

**3. 次の日本語を中国語に訳してください。**

1) 春になると私たちは花見に行きます。

______

2) 新郎新婦は必ずみなさんに祝いのあめをあげます。

______

3) 授業に遅刻しないで。

______

## Dì shísì kè　Huānyíng liúxuéshēng
# 第十四课　欢迎 留学生

CD-60

**课文 kèwén**　中国人の大学生が日本からの留学生を迎えます。

A：欢迎 你 来 中国 留学。
Huānyíng nǐ lái Zhōngguó liúxué.

B：谢谢！ 宿舍 离 这儿 远 吗？
Xièxie! Sùshè lí zhèr yuǎn ma?

A：很 远。 把 行李 放在 自行车 上，我 送 你。
Hěn yuǎn. Bǎ xíngli fàngzài zìxíngchē shang, wǒ sòng nǐ.

そばのシェア自転車の QR コードを携帯に読み取って開錠し、そして賃貸の料金も払いました。

B：手机 怎么 能 付 钱？
Shǒujī zěnme néng fù qián?

A：用 手机 网上 付 钱。
Yòng shǒujī wǎngshàng fù qián.

B：哦， 真 方便！
Ò, zhēn fāngbiàn!

A：咱们 边 走 边 聊 吧。
Zánmen biān zǒu biān liáo ba.

B：好！
Hǎo!

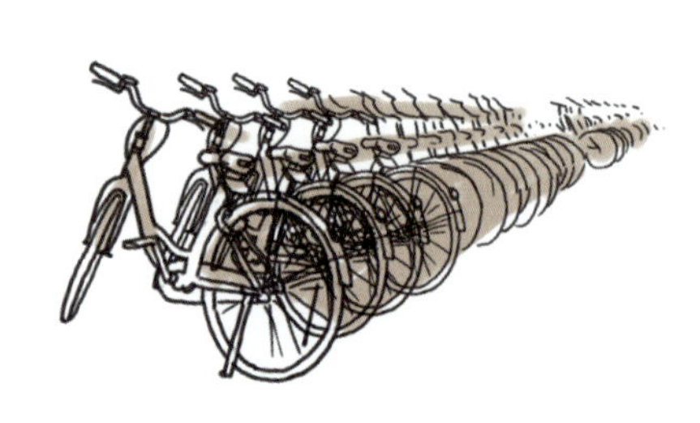

## 生词 shēngcí

1. 宿舍（名）sùshè　寮
2. 把（介）bǎ　…を
3. 行李（名）xíngli　荷物
4. 放在（组）fàngzài　…に置く
5. 自行车（名）zìxíngchē　自転車
6. 送（动）sòng　（人や物を）送り届ける
7. 怎么（代）zěnme　どうして
8. 付钱（组）fù qián　お金を払う
9. 哦（叹）ò　ああ
10. 方便（形）fāngbiàn　便利である
11. （一）边…（一）边～（副）(yì)biān…(yì)biān~　…しながら～する
12. 走（动）zǒu　歩く
13. 聊（动）liáo　おしゃべりする

---

1. 拿（动）ná　（手に）持つ
2. 关上（动）guānshàng　閉める
3. 门（名）mén　ドア
4. 点心（名）diǎnxin　お菓子
5. 叫（动）jiào　呼ぶ
6. 小王（名）Xiǎo Wáng　王さん
7. 桌子（名）zhuōzi　机
8. 聊天儿（动）liáotiānr　おしゃべりする

### 简体字

桌（卓）　⺊　卢　卓　桌

边（辺）　力　力　边　边

舍（舍）　𠆢　亼　全　舍

钱（錢）　𠂉　钅　钱　钱

### 常用疑問詞

| 人称疑問詞 | もの疑問詞 | 場所疑問詞 | 時間疑問詞 |
|---|---|---|---|
| shéi　nǎwèi<br>谁　哪位<br>誰　どなた | shénme　nǎge<br>什么　哪个<br>何　どれ | nǎli　nǎr<br>哪里　哪儿<br>どこ　どこ | shénme shíhou<br>什么时候<br>いつ |
| **数量疑問詞** | **原因疑問詞** | **様態疑問詞** | **時間量疑問詞** |
| jǐ　duōshao<br>几　多少<br>いくつ　どれくらい | zěnme　wèi shénme<br>怎么　为什么<br>どうして　なぜ | zěnme　zěnmeyàng<br>怎么　怎么样<br>どうやって　どうだ | duō cháng shíjiān<br>多长时间<br>どれくらいの時間 |

Nǐ shénme shíhou qù Jīngdū wánr?
你什么时候去京都玩儿？
（あなたはいつ京都に遊びに行きますか？）

Wǒ qiūtiān qù.
—— 我秋天去。
（秋に行きます。）

Nǐ zěnme qù?
你怎么去？
（どうやって行くのですか？）

Wǒ zuò xīngànxiàn qù.
—— 我坐新干线去。
（新幹線で行きます。）

## 要点 yàodiǎn

CD-61

### 1. "把" 構文

"把"＋目的語＋動詞＋α　…を～する

*α は結果補語・方向補語・"了" など。

1）把行李放在自行车上。　Bǎ xíngli fàngzài zìxíngchē shang.

2）弟弟把饭吃完了。　Dìdi bǎ fàn chīwán le.

3）请把词典拿来。　Qǐng bǎ cídiǎn nálái.

**口头练习** kǒutóu liànxí

**次の動詞述語文を, "把" を使って書き換えてみましょう。**

例：请拿词典来。　Qǐng ná cídiǎn lái.

→请把词典拿来。　Qǐng bǎ cídiǎn nálái.

① 我做完作业了。　Wǒ zuòwán zuòyè le.

② 请关上门。　Qǐng guānshàng mén.

③ 妹妹吃了我的点心。　Mèimei chīle wǒ de diǎnxin.

④ 你叫小王来。　Nǐ jiào Xiǎo Wáng lái.

### 2. 方位詞

名詞＋"上"/"里"　…の上 /…の中

1）学校里有很多自行车。　Xuéxiào li yǒu hěn duō zìxíngchē.

2）桌子上有很多书。　Zhuōzi shang yǒu hěn duō shū.

3）老师在教室里呢。　Lǎoshī zài jiàoshì li ne.

*名詞の中で方位や位置を表すものを特に方位詞という。

常用方位詞

単音節（必ず名詞の後か前に付けて使う）

| lǐ | wài | shàng | xià | qián | hòu | zhōng |
|---|---|---|---|---|---|---|
| 里 | 外 | 上 | 下 | 前 | 后 | 中 |
| なか | そと | うえ | した | まえ | うしろ | なか |
| páng | zuǒ | yòu | dōng | nán | xī | běi |
| 旁 | 左 | 右 | 东 | 南 | 西 | 北 |
| わき | ひだり | みぎ | ひがし | みなみ | にし | きた |

2音節（単独でも使え、名詞の前後にも付けられる）

| lǐbian(r) | wàibian(r) | shàngbian(r) | xiàbian(r) | qiánbian(r) | hòubian(r) |
|---|---|---|---|---|---|
| 里边(儿) | 外边(儿) | 上边(儿) | 下边(儿) | 前边(儿) | 后边(儿) |
| lǐmian | wàimian | shàngmian | xiàmian | qiánmian | hòumian |
| 里面 | 外面 | 上面 | 下面 | 前面 | 后面 |

**口头练习** kǒutóu liànxí

**____に方位詞“里”か“上”を入れて言ってみましょう。**

① 公园______有很多人。　Gōngyuán ____ yǒu hěn duō rén.

② 照片都在手机______。　Zhàopiàn dōu zài shǒujī ____ .

③ 孔子是历史______有名的思想家。　Kǒngzǐ shì lìshǐ ______ yǒumíng de sīxiǎngjiā.

④ 桌子______有一本词典。　Zhuōzi ______ yǒu yì běn cídiǎn.

## 3. 疑問詞“怎么”

“怎么”＋動詞句　　どうして…

*理由を聞くというよりも，いぶかしい気持ちを表すときに使う。

1) 你怎么不来?　Nǐ zěnme bù lái?

2) 他怎么走了?　Tā zěnme zǒu le?

3) 手机怎么能付钱?　Shǒujī zěnme néng fù qián?

### 口头练习 kǒutóu liànxí

**次の肯定文に“怎么”を入れて疑問文を作り，できた文を日本語に訳しましょう。**

① 她也来了。 Tā yě lái le.

② 她没来上课。 Tā méi lái shàngkè.

③ 我的书没有了。 Wǒ de shū méiyǒu le.

④ 他不回家。 Tā bù huí jiā.

## 4. (一) 边…，(一) 边～ …しながら～する

1) 咱们边走边聊吧。 Zánmen biān zǒu biān liáo ba.

2) 弟弟一边听音乐，一边做作业。 Dìdi yìbiān tīng yīnyuè, yìbiān zuò zuòyè.

3) 他们一边喝茶，一边聊天儿。 Tāmen yìbiān hē chá, yìbiān liáotiānr.

### 口头练习 kǒutóu liànxí

**絵の下の語を＿＿＿に入れて言ってみましょう。**

他／她（们）一边＿＿＿，一边＿＿＿。 Tā(men) yìbiān ＿＿, yìbiān ＿＿.

① bāo jiǎozi liáotiānr 包饺子・聊天儿 餃子を作る・おしゃべりする

② chàng gē tiàowǔ 唱歌・跳舞 歌を歌う・踊る

③ cānguān zhàoxiàng 参观・照相 見学する・写真を撮る

④ chī fàn kàn diànshì 吃饭・看电视 食事する・テレビを見る

## 笔头练习 bǐtóu liànxí

**1. 次のピンインを簡体字に直し、日本語に訳してください。**

1） Sùshè lí zhèr yuǎn ma?

簡体字 ____________________

日本語 ____________________

2） Xuéxiào li yǒu hěn duō zìxíngchē.

簡体字 ____________________

日本語 ____________________

3） Mèimei yìbiān tīng yīnyuè, yìbiān zuò zuòyè.

簡体字 ____________________

日本語 ____________________

**2. 日本語の意味に合うように、中国語の語句を並べ替えてください。**

1）自行车上，行李，把，吧，放在　（荷物を自転車に乗せてください。）

____________________

2）来，怎么，昨天，没，你，学校　（あなたは昨日どうして学校に来なかったのですか？）

____________________

3）喝酒，我，开车，不能，今天　（私は今日運転するから、お酒を飲めません。）

____________________

**3. 次の日本語を中国語に訳してください。**

1）私は宿題を書き終えました。（“把”構文）

____________________

2）兄はテレビを見ながら、ご飯を食べます。

____________________

3）教室には学生がたくさんいます。（方位詞“里”を用いる）

____________________

# Dì shíwǔ kè　Kàn zhōngyī
# 第十五课　看 中医

CD-63

**课文 kèwén**　漢方医の外来に来ました。

A：大夫，　我　嗓子　疼，　还　咳嗽。
　　Dàifu,　wǒ　sǎngzi　téng,　hái　késou.

B：来，　张开　嘴，　让　我　看看。
　　Lái,　zhāngkāi　zuǐ,　ràng　wǒ　kànkan.

A：我　昨天　被　雨　淋　了。
　　Wǒ　zuótiān　bèi　yǔ　lín　le.

B：你　着凉　了，　是　感冒。
　　Nǐ　zháoliáng　le,　shì　gǎnmào.

A：我　一　感冒　就　咳嗽。
　　Wǒ　yì　gǎnmào　jiù　késou.

B：吃　点儿　中药　吧。
　　Chī　diǎnr　zhōngyào　ba.

A：有　咳嗽　药　吗？
　　Yǒu　késou　yào　ma?

B：有。　吃了　药　就　会　好　的。
　　Yǒu.　Chīle　yào　jiù　huì　hǎo　de.

## 生词 shēngcí

1. 看 （动）kàn　診る
2. 中医 （名）zhōngyī　漢方医
3. 大夫 （名）dàifu　お医者さん
4. 嗓子 （名）sǎngzi　喉
5. 疼 （形）téng　痛い
6. 咳嗽 （动）késou　咳をする
7. 张开 （动）zhāngkāi　開ける
8. 嘴 （名）zuǐ　口
9. 让 （动）ràng　（人に）…させてあげる
10. 被 （介）bèi　…される
11. 淋 （动）lín　濡らす
12. 着凉 （动）zháoliáng　寒さにあたる
13. 感冒 （名·动）gǎnmào　風邪，風邪を引く
14. 吃药 （组）chī yào　薬を飲む
15. （一）点儿 （数量）(yì) diǎnr　少し
16. 中药 （名）zhōngyào　漢方薬
17. 咳嗽药 （名）késou yào　咳の薬
18. 会…的 （组）huì...de　…するだろう

---

1. 叫 （动）jiào　（人に）…をさせる
2. 请 （动）qǐng　（お願いして）…してもらう
3. 练习 （动）liànxí　練習する
4. 会话 （名）huìhuà　会話
5. 钱包 （名）qiánbāo　財布
6. 偷 （动）tōu　盗む
7. 淋湿 （动）línshī　濡れる
8. 弄坏 （动）nònghuài　壊してしまう
9. 批评 （动）pīpíng　叱る
10. 借走 （动）jièzǒu　借りて持っていく
11. 感动 （动）gǎndòng　感動する

### 简体字

张（張）　引　弘　张　张
凉（涼）　冫　广　凉　凉
着（着）　丷　兰　差　着
药（薬）　艹　艹　药　药

### 病状のいろいろ

| | | | | |
|---|---|---|---|---|
| tóuténg<br>头疼<br>（頭痛がする） | sǎngzi téng<br>嗓子 疼<br>（喉が痛い） | dùzi téng<br>肚子 疼<br>（お腹が痛い） | gǎnmào<br>感冒<br>（風邪を引く） | fāshāo<br>发烧<br>（熱が出る） |
| tóuyūn<br>头晕<br>（目まいがする） | késou<br>咳嗽<br>（咳をする） | liú bíti<br>流 鼻涕<br>（鼻水が出る） | wèiténg<br>胃疼<br>（胃が痛い） | nào dùzi<br>闹 肚子<br>（お腹を壊す） |

Nǐ nǎr bù shūfu?
你哪儿不舒服？
（どこが悪いのですか？）

Wǒ tóuténg, sǎngzi yě téng.
—— 我头疼，嗓子也疼。
（頭痛がして、喉も痛いです。）

## 要点 yàodiǎn

CD-64

### 1. 使役文

| | |
|---|---|
| 命令者＋"让"/"叫"/"请"＋実行者＋動詞句 | "让" 命令者が実行者に…させてあげる<br>"叫" （実行者がしたくないことを）させる<br>"请" （お願いして）してもらう |

1）张开嘴，让我看看。　Zhāngkāi zuǐ, ràng wǒ kànkan.

2）妈妈不让我出去。　Māma bú ràng wǒ chūqù.

3）老师叫学生背课文。　Lǎoshī jiào xuésheng bèi kèwén.

4）我们请小王唱歌。　Wǒmen qǐng Xiǎo Wáng chàng gē.

#### 口头练习 kǒutóu liànxí

**指示に従って次の文を使役文に変えましょう。**

① 我去买东西。（母は…するようにと言う）　Wǒ qù mǎi dōngxi.　*妈妈 māma

② 学生练习会话。（先生は…させる）　Xuésheng liànxí huìhuà.　*老师 lǎoshī

③ 我开车。（父は…させてくれない）　Wǒ kāichē.　*爸爸 bàba

④ 小李跳舞。（私は…をお願いする）　Xiǎo Lǐ tiàowǔ.　*我 wǒ

### 2. 受身文

"被"（…）＋動詞　　（…に）～される

1）我昨天被雨淋了。　Wǒ zuótiān bèi yǔ lín le.

2）他的钱包被偷了。　Tā de qiánbāo bèi tōu le.

3）我的电脑被弟弟弄坏了。　Wǒ de diànnǎo bèi dìdi nònghuài le.

**口头练习** kǒutóu liànxí

**例にならって主動文を受身文に変え、できた文を日本語に訳しましょう。**

| | |
|---|---|
| 例：弟弟弄坏了我的电脑。 | Dìdi nònghuàile wǒ de diànnǎo. |
| →我的电脑被弟弟弄坏了。 | Wǒ de diànnǎo bèi dìdi nònghuài le. |

（＊主動文の目的語は受身文では主語になります。）

| | |
|---|---|
| ① 老师批评了他。 | Lǎoshī pīpíngle tā. |
| ② 雨淋湿了衣服。 | Yǔ línshīle yīfu. |
| ③ 朋友借走了我的词典。 | Péngyou jièzǒule wǒ de cídiǎn. |
| ④ 她的话感动了我。 | Tā de huà gǎndòngle wǒ. |

## 3. 「少し」を表す“一点儿”

| | |
|---|---|
| 動詞＋“(一)点儿”(＋名詞) | (ものの) 量の「少し」を表す |
| 形容詞＋“一点儿” | 程度の「少し」を表す |
| 1) 吃点儿中药吧。 | Chī diǎnr zhōngyào ba. |
| 2) 我爸爸也学过一点儿汉语。 | Wǒ bàba yě xuéguo yìdiǎnr Hànyǔ. |
| 3) 今天比昨天热一点儿。 | Jīntiān bǐ zuótiān rè yìdiǎnr. |

**口头练习** kǒutóu liànxí

**次の文に“一点儿”を入れて言いましょう。**

| | |
|---|---|
| ① 咱们买吧。 | Zánmen mǎi ba. |
| ② 你喝茶吧。 | Nǐ hē chá ba. |
| ③ 我会说汉语。 | Wǒ huì shuō Hànyǔ. |
| ④ 妹妹比姐姐高。 | Mèimei bǐ jiějie gāo. |

## 4. 助動詞“会”…（“的”）

“会”＋形容詞／動詞…（“的”）　…するだろう，…するはずだ

1）吃了药，就会好的。　Chīle yào, jiù huì hǎo de.

2）他会来的。　Tā huì lái de.

3）明天不会下雨。　Míngtiān bú huì xià yǔ.

### 口头练习 kǒutóu liànxí

**次の質問に肯定文か否定文で答えて、そして日本語に訳しましょう。**

Tā de bìng huì hǎo ma?
① 他 的 病 会 好 吗？（肯）

Tā huì lái ma?
② 她 会 来 吗？（肯）

Míngtiān huì xià yǔ ma?
③ 明天 会 下 雨 吗？（否）

Lǎoshī huì pīpíng wǒ ma?
④ 老师 会 批评 我 吗？（否）

## 笔头练习 bǐtóu liànxí

**1. 次のピンインを簡体字に直し、日本語に訳してください。**

1) Zhāngkāi zuǐ, ràng wǒ kànkan.

簡体字 ____________________

日本語 ____________________

2) Chīle yào, jiù huì hǎo de.

簡体字 ____________________

日本語 ____________________

3) Wǒ bàba yě xuéguo yìdiǎnr Hànyǔ.

簡体字 ____________________

日本語 ____________________

**2. 日本語の意味に合うように、中国語の語句を並べ替えてください。**

1) 背，学生，老师，课文，叫　（先生は学生に本文を暗誦させる。）

____________________

2) 借走了，的，词典，朋友，我，被　（私の辞書は友だちに借りられて行きました。）

____________________

3) 汉语，我，一点儿，说，会　（私は中国語が少し話せます。）

____________________

**3. 次の日本語を中国語に訳してください。**

1) 私は先生に叱られました。

____________________

2) 父は私に車を運転させてくれません。

____________________

3) 明日は雨が降らないでしょう。

____________________

# Dì shíliù kè Lóngmén dàfó
# 第十六课 龙门 大佛

CD-66

**课文 kèwén** 河南省の洛陽にある龍門石窟に来ました。

A：这里 佛像 真 多 啊！
Zhèli fóxiàng zhēn duō a!

B：是 啊。非常 多，数不清。
Shì a. Fēicháng duō, shǔbuqīng.

A：佛像 有 大 的，也 有 小 的。
Fóxiàng yǒu dà de, yě yǒu xiǎo de.

B：刻 佛像 用了 好几 百 年。
Kè fóxiàng yòngle hǎojǐ bǎi nián.

A：你 看，那里 围着 很 多 人。
Nǐ kàn, nàli wéizhe hěn duō rén.

B：哦，那里 有 一 座 大佛。
Ò, nàli yǒu yí zuò dàfó.

A：那 座 大佛 很 有名 吗？
Nà zuò dàfó hěn yǒumíng ma?

B：很 有名。咱们 也 去 看看 吧。
Hěn yǒumíng. Zánmen yě qù kànkan ba.

## 生词 shēngcí

1. **龙门**（名）Lóngmén　龍門（地名），河南省洛陽市の南 13 キロ，伊川岸沿いに位置する，龍門石窟（りゅうもんせっくつ）の所在地
2. **大佛**（名）dàfó　大仏
3. **佛像**（名）fóxiàng　仏像
4. **数不清**（动）shǔbuqīng　数えきれない
5. **刻**（动）kè　彫刻する
6. **用**（动）yòng　（金銭・時間などが）かかる
7. **好几＋数量**（数）hǎojǐ+ 数量　何…もの
8. **围**（动）wéi　囲む
9. **V＋着**（助）V+zhe　…している，してある
10. **座**（量）zuò　山・橋・宮殿など大型のものを数える

1. **吃不完**（动）chībuwán　食べきれない
2. **回得来**（动）huídelái　帰って来られる
3. **听得懂**（动）tīngdedǒng　聴いて分かる
4. **做得完**（动）zuòdewán　し終えられる
5. **睡得好**（动）shuìdehǎo　よく眠れる
6. **这些**（代）zhèxiē　これら（の）
7. **自己**（名）zìjǐ　自分
8. **辣**（形）là　辛い
9. **种**（量）zhǒng　種類
10. **趟**（量）tàng　回，往復する動作の回数を数える
11. **放**（动）fàng　置く
12. **挂**（动）guà　掛かる
13. **地图**（名）dìtú　地図
14. **字**（名）zì　文字

### 简体字

龙（龍）　𠂇　尢　龙　龙

门（門）　丨　门　门

围（囲）　冂　冋　韦　围

图（図）　冂　冈　图　图

### 常用可能補語

chīdewán　chībuwán
吃得完 ／ 吃不完
（食べきれる／食べきれない）

kàndejiàn　kànbujiàn
看得见 ／ 看不见
（見える／見えない）

tīngdedǒng　tīngbudǒng
听得懂 ／ 听不懂
（聴いて分かる／聴いて分からない）

zhǎodedào　zhǎobudào
找得到 ／ 找不到
（見つかる／見つからない）

shuìdehǎo　shuìbuhǎo
睡得好 ／ 睡不好
（よく眠れる／よく眠れない）

huídelái　huíbulái
回得来 ／ 回不来
（帰って来られる／帰って来られない）

jìndeqù　jìnbuqù
进得去 ／ 进不去
（入れる／入れない）

jìdezhù　jìbuzhù
记得住 ／ 记不住
（覚えられる／覚えられない）

Zhèxiē cài, nǐ chīdewán ma?
这些菜，你吃得完吗？
（これらの料理、あなたは食べきれますか？）

Zhème duō, wǒ chībuwán.
—— 这么多，我吃不完。
（こんなに多いと、私は食べきれません。）

## 要点 yàodiǎn

CD-67

### 1. 可能補語

動詞＋“得”＋結果補語 / 方向補語　　…できる

動詞＋“不”＋結果補語 / 方向補語　　…できない

1）佛像非常多，数不清。　　Fóxiàng fēicháng duō, shǔbuqīng.

2）饭太多了，我吃不完。　　Fàn tài duō le, wǒ chībuwán.

3）你明天回得来吗？　　Nǐ míngtiān huídelái ma?

#### 口头练习 kǒutóu liànxí

**次の質問に否定の答えをしてみましょう。**

① 他的话你听得懂吗？　　Tā de huà nǐ tīngdedǒng ma?

② 爸爸明天回得来吗？　　Bàba míngtiān huídelái ma?

③ 今天的作业，你做得完吗？　　Jīntiān de zuòyè, nǐ zuòdewán ma?

④ 在这里，你睡得好吗？　　Zài zhèli, nǐ shuìdehǎo ma?

### 2. 有…，也有～　　…もあれば、～もある，…もいれば、～もいる

1）佛像有大的，也有小的。　　Fóxiàng yǒu dà de, yě yǒu xiǎo de.

2）留学生有中国人，也有美国人。　　Liúxuéshēng yǒu Zhōngguórén, yě yǒu Měiguórén.

3）这些菜有自己做的，也有买的。　　Zhèxiē cài yǒu zìjǐ zuò de, yě yǒu mǎi de.

#### 口头练习 kǒutóu liànxí

**（　）内の言葉を使って、質問に“有…，也有～”の形で答えてみましょう。**

例：这些书你都看过吗？（看过的 · 没看过的）

Zhèxiē shū nǐ dōu kànguo ma? (kànguo de · méi kànguo de)

——有看过的，也有没看过的。　　Yǒu kànguo de, yě yǒu méi kànguo de.

① 北京的公园都很大吗？ （大的 · 小的）
Běijīng de gōngyuán dōu hěn dà ma? (dà de · xiǎo de)

② 四川菜都很辣吗？ （辣的 · 不辣的）
Sìchuāncài dōu hěn là ma? (là de · bú là de)

③ 你们学校都是女生吗？ （女生 · 男生）
Nǐmen xuéxiào dōu shì nǚshēng ma? (nǚshēng · nánshēng)

④ 这些菜都是你做的吗？ （我做的 · 妈妈做的）
Zhèxiē cài dōu shì nǐ zuò de ma? (wǒ zuò de · māma zuò de)

## 3. "好几"＋量詞　　何…もの　量の多いことを強調する

1）刻佛像用了好几百年。　Kè fóxiàng yòngle hǎojǐ bǎi nián.

2）他们在北京玩儿了好几天。　Tāmen zài Běijīng wánrle hǎojǐ tiān.

3）这个人来了好几次。　Zhège rén láile hǎojǐ cì.

### 口头练习 kǒutóu liànxí

［　　］内の語を＿＿に置き換えて言ってみましょう。

A：你 去 过 中国 吗？　Nǐ qù guo Zhōngguó ma?

B：去 过 好几 次 呢。　Qù guo hǎojǐ cì ne.

① kàn Zhōngguó diànyǐng kàn ge
看・中国电影 ／ 看・个
見る・中国映画／見る・本

② hē Zhōngguó chá hē zhǒng
喝・中国茶 ／ 喝・种
飲む・中国茶／飲む・種類

③ qù tā jiā qù tàng
去・他家 ／ 去・趟
行く・彼の家／行く・回

④ kàn zhè běn shū kàn biàn
看・这本书 ／ 看・遍
読む・この本／読む・回

CD-68

## 4. 存現文

場所＋動詞＋"着"＋存在者(人／物)　…に～している，してある

1) 你看，那里围着很多人。　Nǐ kàn, nàli wéizhe hěn duō rén.

2) 桌子上放着很多书。　Zhuōzi shang fàngzhe hěn duō shū.

3) 车里坐着两个人。　Chē li zuòzhe liǎng ge rén.

**口头练习** kǒutóu liànxí

**絵の下の語を＿＿に入れて言ってみましょう。**

那儿＿＿着＿＿＿＿。　Nàr ＿＿ zhe ＿＿＿＿.

zuò　yí ge rén
① 坐・一个人
座る・1人の人

guà　dìtú
② 挂・地图
掛かる・地図

fàng hěn duō shū
③ 放・很多书
置く・たくさんの本

xiě　zì
④ 写・字
書く・字

## 笔头练习 bǐtóu liànxí

**1. 次のピンインを簡体字に直し、日本語に訳してください。**

1) Zhèli fóxiàng zhēn duō a!

簡体字 ______________________________

日本語 ______________________________

2) Nàli wéizhe hěn duō rén.

簡体字 ______________________________

日本語 ______________________________

3) Jīntiān de zuòyè, nǐ zuòdewán ma?

簡体字 ______________________________

日本語 ______________________________

**2. 日本語の意味に合うように、中国語の語句を並べ替えてください。**

1) 很多，坐着，教室里，学生　（教室にはたくさんの学生が座っています。）

______________________________

2) 在，了，上海，好几天，他，玩儿　（彼は上海で何日間も遊びました。）

______________________________

3) 好几遍，小说，看过，我，这本　（この小説を私は何遍も読んだことがあります。）

______________________________

**3. 次の日本語を中国語に訳してください。**

1) あなたは中国語を聴いて分かりますか？　（可能補語を使った文に）

______________________________

2) 留学生には中国人もいれば、アメリカ人もいます。

______________________________

3) 私は中国の映画を何本も見たことがあります。

______________________________

# 中国結婚式事情

（第13課）

周さんと孫さんは同じ職場の先輩と後輩です。仕事を一緒にしているうちに2人の愛情が深まり、ついに結ばれることになりました。

新郎新婦の到着です。某高級ホテルの前で二人は熱烈に迎えられます。

指輪の交換はもともと伝統的な結婚式にはなかったのですが、現在ではスタイルを問わず結婚式に欠かせない儀式となっています。

中国では結婚式に新郎が新婦を迎える車のパレードが欠かせません。結婚シーズンとなると、きれいに飾った高級車の列を街でよく見かけます。

伝統様式の結婚式場

# 自転車シェアリング

（第14課）

最近中国ではいろいろなところに色とりどりのQRコード付きの自転車があふれています。これは誰でも使える共用の自転車です。

自分の携帯電話で自転車のQRコードをスキャンすれば、自転車が開錠されます。

現在中国の主要都市でシェアリング自転車はすでに毎日1千万人を超える利用者数を記録し、なおうなぎ上りに増えています。

"共享单车gòngxiǎng dānchē"
北京大学の学生である戴威さんはシェアリング自転車の創業者です。

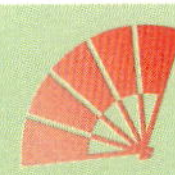

## 中国の伝統医学
（第15課）

中国では2千年以上もの歴史を持つ中医学（漢方医学）が存在し、人々の健康を支えています。

漢方、生薬は昔から日本人にも馴染みのあるものです。

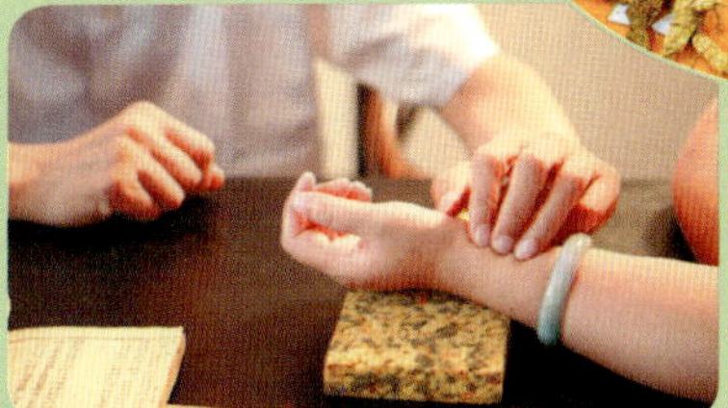

漢方医は患者の舌や顔色を見て匂いを嗅ぎ、更に脈をとることで患者の胃腸や心臓、肺臓などの健康状態が分かります。

街のいたるところに漢方の薬局が見られます。天井まで並ぶ引き出しにはいろいろな生薬が入っています。生薬のほとんどが自然界の植物、動物、昆虫を素材としています。

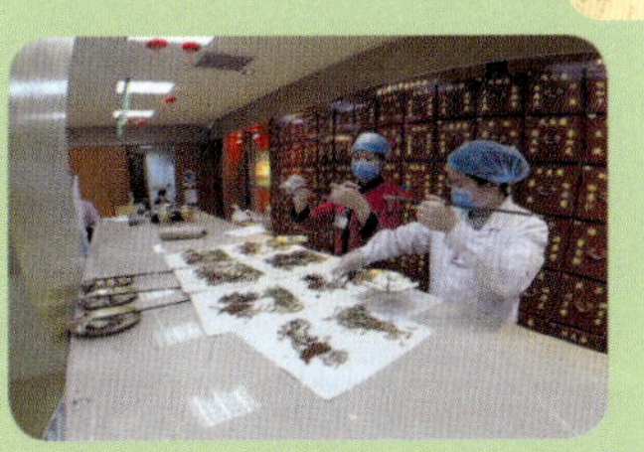

“药食同源yàoshítóngyuán”中国では先祖代々受け継がれてきた中医学の知識が普通の生活にも浸透しています。これは家庭で作られた鶏の薬膳料理です。

## 龍門石窟
（第16課）

“龙门石窟Lóngménshíkū”（龍門石窟りゅうもんせっくつ）は河南省洛陽市の南方、伊川の西側に位置しています。南北1キロあまり、高さ数十メートルの岸壁に洞窟が2300室あまりあり、彫り込まれた仏像は全部で10万体近くあります。1500年前に北魏の時代から唐代まで400年以上にわたって造営され、今の規模になりました。

“卢舍那佛Lúshěnàfó ”（盧舍那仏るしゃなぶつ）は高さ17メートル以上あります。則天武后が巨額の浄財を寄進し、自らの顔に似せて造営させたと伝えられています。地元の人々はこの盧舍那仏を“武则天像Wǔ Zétiān xiàng”と呼んでいます。

護法天王と護法力士の像です。

龍門石窟は仏教を伝承するだけではなく、北魏の時代から帝王が自ら仏の転生と唱えて石像の造営に王権の永遠不滅を託してきただけに、それぞれの時代の国を挙げての大プロジェクトの結晶といえます。

# 語彙索引

| | | | | |
|---|---|---|---|---|
| **A** | | | | |
| a | 啊 | 叹 | …よ，ね | 3 |
| **B** | | | | |
| ba | 吧 | 助 | …だろう | 2 |
| ba | 吧 | 助 | (提案の意)…しよう | 3 |
| bǎ | 把 | 介 | …を | 14 |
| bàba | 爸爸 | 名 | お父さん | 8 |
| bāo jiǎozi | 包饺子 | 组 | 餃子を作る | 12 |
| bāozi | 包子 | 名 | 肉まん | 3 |
| bēi | 杯 | 量 | (コップなどに入ったものを数える)杯 | 7 |
| bèi | 背 | 动 | 暗唱する | 12 |
| bèi | 被 | 介 | …される | 15 |
| běifāng | 北方 | 名 | 北方 | 8 |
| Běijīng | 北京 | 名 | 北京 | 7 |
| Běijīng kǎoyā | 北京烤鸭 | 名 | 北京ダック | 3 |
| běn | 本 | 量 | (本などを数える)冊 | 7 |
| běnzi | 本子 | 名 | ノート | 2 |
| bǐ | 笔 | 名 | ペン | 2 |
| bǐ | 比 | 介 | …より | 8 |
| biàn | 遍 | 量 | (動作の始まりから終わりまでの全過程を強調する)回 | 10 |
| biāozhǔn | 标准 | 形 | 標準的である | 12 |
| bié | 别 | 副 | するな，しないで | 13 |
| bù néng | 不能 | 助动 | …してはいけない | 6 |
| bú shì | 不是 | 组 | …ではない | 1 |
| Bùdálāgōng | 布达拉宫 | 名 | ポタラ宮 | 7 |
| **C** | | | | |
| cài | 菜 | 名 | 料理 | 3 |
| cānguān | 参观 | 动 | 見学する | 1 |
| chá | 茶 | 名 | お茶 | 7 |
| cháguǎn | 茶馆 | 名 | (中国式)喫茶店 | 6 |
| cháng | 尝 | 动 | 味わう | 6 |
| chàng kǎlā OK | 唱卡拉OK | 组 | カラオケを歌う | 10 |
| chàng gē | 唱歌 | 组 | 歌を歌う | 3 |
| Chángchéng | 长城 | 名 | 万里の長城 | 3 |
| chǎofàn | 炒饭 | 名 | チャーハン | 3 |
| chēduì | 车队 | 名 | 自動車などの隊列 | 13 |
| chēzhàn | 车站 | 名 | 駅 | 9 |
| chī | 吃 | 动 | 食べる | 3 |
| chī fàn | 吃饭 | 组 | 食事する | 3 |
| chī yào | 吃药 | 组 | 薬を飲む | 15 |
| chībuwán | 吃不完 | 动 | 食べきれない | 16 |
| chídào | 迟到 | 动 | 遅刻する | 13 |
| chūfā | 出发 | 动 | 出発する | 8 |
| chūntiān | 春天 | 名 | 春 | 13 |
| chūqù | 出去 | 动 | 出かける | 8 |
| cì | 次 | 量 | 回 | 10 |
| cídiǎn | 词典 | 名 | 辞書 | 2 |
| cóng | 从 | 介 | …から | 8 |
| **D** | | | | |
| dà | 大 | 形 | 大きい | 2 |
| dǎ bàngqiú | 打棒球 | 组 | 野球をする | 10 |
| dǎ diànhuà | 打电话 | 组 | 電話をする | 8 |
| Dàbǎn | 大阪 | 名 | 大阪 | 4 |
| dàfó | 大佛 | 名 | 大仏 | 16 |
| dǎgōng | 打工 | 动 | アルバイトをする | 6 |
| dàifu | 大夫 | 名 | お医者さん | 15 |
| dàjiā | 大家 | 名 | みんな | 11 |
| dāngrán | 当然 | 副 | もちろん | 6 |
| dào | 到 | 动 | 到着する | 5 |
| dào | 到 | 介 | …まで | 8 |
| dàxué | 大学 | 名 | 大学 | 2 |
| de | 的 | 助 | の | 2 |
| de | 得 | 助 | (様態補語を導く) | 12 |
| dì yī cì | 第一次 | 名 | はじめて(の) | 5 |
| diǎn | …点 | 量 | …時 | 5 |
| diànchē | 电车 | 名 | 電車 | 7 |
| diànnǎo | 电脑 | 名 | パソコン | 2 |
| diànshì | 电视 | 名 | テレビ | 7 |
| diǎnxin | 点心 | 名 | お菓子 | 14 |
| diànyǐng | 电影 | 名 | 映画 | 10 |
| dìdi | 弟弟 | 名 | 弟 | 4 |
| dìtiě | 地铁 | 名 | 地下鉄 | 9 |
| dìtú | 地图 | 名 | 地図 | 16 |
| Dōngjīng | 东京 | 名 | 東京 | 5 |
| dōngtiān | 冬天 | 名 | 冬 | 13 |
| dōu | 都 | 副 | みな，いずれも | 2 |
| duì | 对 | 形 | はい，その通りだ | 1 |
| duì | 对 | 介 | …に(対して，ついて) | 12 |
| duì | 对 | 形 | 正しい | 12 |
| duō | 多 | 形 | 多い | 1 |
| duō cháng shíjiān | 多长时间 | 组 | どれくらい(の時間) | 8 |
| dúshēngzǐ | 独生子 | 名 | 一人息子 | 4 |
| dùshu | 度数 | 名 | 度数 | 11 |

## F

| | | | | |
|---|---|---|---|---|
| fā | 发 | 动 | 配る | 13 |
| fàng | 放 | 动 | 置く | 16 |
| fāngbiàn | 方便 | 形 | 便利である | 14 |
| fàngjià | 放假 | 动 | 休みになる | 10 |
| fàngzài | 放在 | 组 | …に置く | 14 |
| fāyīn | 发音 | 名 | 発音 | 7 |
| fēicháng | 非常 | 副 | 非常に | 2 |
| fēngjǐng | 风景 | 名 | 風景 | 2 |
| fēngjǐngqū | 风景区 | 名 | 景勝地 | 2 |
| fēnzhōng | 分钟 | 量 | …分間 | 8 |
| fóxiàng | 佛像 | 名 | 仏像 | 16 |
| fù qián | 付钱 | 组 | お金を払う | 14 |

## G

| | | | | |
|---|---|---|---|---|
| gàn | 干 | 动 | する，やる | 6 |
| gǎn xìngqù | 感兴趣 | 组 | 興味を持つ | 12 |
| gānbēi | 干杯 | 动 | 乾杯する | 11 |
| gǎndòng | 感动 | 动 | 感動する | 15 |
| gāng | 刚 | 副 | …したばかり | 8 |
| gǎnmào | 感冒 | 名·动 | 風邪，風邪を引く | 15 |
| gānzào | 干燥 | 形 | 乾燥している | 8 |
| gāo | 高 | 形 | (背が)高い | 8 |
| gāo | 高 | 形 | 高い | 11 |
| gāolóu | 高楼 | 名 | ビルディング | 7 |
| ge | 个 | 量 | (ものや人を数える)個 | 7 |
| gēge | 哥哥 | 名 | 兄 | 8 |
| gěi | 给 | 介 | …に | 8 |
| gōngyuán | 公园 | 名 | 公園 | 3 |
| gōngzuò | 工作 | 名·动 | 仕事(する) | 11 |
| gǔzhèn | 古镇 | 名 | 古い町並みをとどめた町 | 8 |
| guà | 挂 | 动 | 掛かる | 16 |
| guānshàng | 关上 | 动 | 閉める | 14 |
| guānzhào | 关照 | 动 | 世話をする | 1 |
| guì | 贵 | 形 | 値段が高い | 2 |
| guìxìng | 贵姓 | 名 | 尊い苗字 | 1 |
| guo | V＋过 | 助 | …したことがある | 10 |

## H

| | | | | |
|---|---|---|---|---|
| hái | 还 | 副 | その上，さらに | 12 |
| háishi | 还是 | 连 | それとも | 9 |
| Hànyǔ | 汉语 | 名 | 中国語 | 5 |
| hǎo | 好 | 形 | いい，はい | 3 |
| hǎo | 好 | 形 | うまい | 12 |
| hǎochī | 好吃 | 形 | 美味しい | 4 |
| hǎohē | 好喝 | 形 | (飲み物が)美味しい | 11 |
| hǎojǐ | 好几＋数量 | 数 | 何…もの | 16 |
| hé | 和 | 连 | と | 4 |
| hē | 喝 | 动 | 飲む | 6 |
| hěn | 很 | 副 | とても | 2 |
| hóngchá | 红茶 | 名 | 紅茶 | 9 |
| hóngyè | 红叶 | 名 | もみじ | 13 |
| huà | 话 | 名 | ことば | 9 |
| huānyíng | 欢迎 | 动 | ようこそ，歓迎する | 5 |
| huáxuě | 滑雪 | 动 | スキーをする | 13 |
| huí | 回 | 动 | 帰る | 7 |
| huì | 会 | 助动 | (技能が)できる | 12 |
| huí jiā | 回家 | 组 | 帰宅する | 5 |
| huì … de | 会…的 | 组 | …するだろう | 15 |
| huídelái | 回得来 | 动 | 帰って来られる | 16 |
| huìhuà | 会话 | 名 | 会話 | 15 |
| huílái | 回来 | 动 | 帰ってくる | 8 |
| hūnlǐ | 婚礼 | 名 | 結婚式 | 13 |

## J

| | | | | |
|---|---|---|---|---|
| jǐ | 几 | 代 | いくつ | 7 |
| jǐ hào | 几号 | 组 | 何日 | 3 |
| jǐ yuè | 几月 | 组 | 何月 | 3 |
| jīdì | 基地 | 名 | 基地 | 1 |
| jǐ diǎn | 几点 | 组 | 何時 | 5 |
| jí le | …极了 | 组 | すごく…だ | 8 |
| jiā | 家 | 名 | 家 | 3 |
| jiǎngkè | 讲课 | 动 | 授業する | 12 |
| jiànkāng | 健康 | 形 | 健康である | 11 |
| jiào | 叫 | 动 | (名前は)…という | 1 |
| jiào | 叫 | 动 | 呼ぶ | 14 |
| jiào | 叫 | 动 | (人に)…をさせる | 15 |
| jiāo | 教 | 动 | 教える | 11 |
| jiàoshì | 教室 | 名 | 教室 | 2 |
| jiǎozi | 饺子 | 名 | 餃子 | 3 |
| jiāxiāng | 家乡 | 名 | ふるさと | 5 |
| jiē | 接 | 动 | 迎える | 13 |
| jiějie | 姐姐 | 名 | 姉 | 4 |
| jièshào | 介绍 | 动 | 紹介する | 8 |
| jièzǒu | 借走 | 动 | 借りて持っていく | 15 |
| jìnbù | 进步 | 动 | 進歩する | 11 |
| jìng | 敬 | 动 | (敬意を表して酒・お茶などを)すすめる | 13 |
| jīngcháng | 经常 | 副 | いつも | 10 |
| jìniànpǐn | 纪念品 | 名 | お土産 | 7 |
| jìnlái | 进来 | 动 | 入ってくる | 8 |

| | | | | |
|---|---|---|---|---|
| jīntiān | 今天 | 名 | 今日 | 1 |
| jiù | 就 | 副 | すぐに | 9 |
| Jiǔzhàigōu | 九寨沟 | 名 | 九寨溝 | 2 |
| **K** | | | | |
| kāfēi | 咖啡 | 名 | コーヒー | 7 |
| kāichē | 开车 | 动 | 車を運転する | 11 |
| kāishǐ | 开始 | 动 | 始まる，始める | 13 |
| kàn | 看 | 动 | 見る，読む | 5 |
| kàn | 看 | 动 | 診る | 15 |
| kànlái | 看来 | 动 | 見たところ | 12 |
| kè | 刻 | 动 | 彫刻する | 16 |
| késou | 咳嗽 | 动 | 咳をする | 15 |
| késou yào | 咳嗽药 | 名 | 咳の薬 | 15 |
| kèwén | 课文 | 名 | 本文 | 10 |
| kěyǐ | 可以 | 助动 | …してもかまわない | 6 |
| Kǒngzǐ | 孔子 | 名 | 孔子 | 12 |
| kuài | 快 | 形 | 速い | 12 |
| kuàilè | 快乐 | 形 | 楽しい | 11 |
| **L** | | | | |
| là | 辣 | 形 | 辛い | 16 |
| lái | 来 | 动 | 来る | 3 |
| lái | 来 | 动 | (人を促して)さあ | 11 |
| lǎoshī | 老师 | 名 | 先生 | 1 |
| Lāsà | 拉萨 | 名 | ラサ，チベット自治区の首府 | 5 |
| le | 了 | 助 | …したら(～する) | 10 |
| le | 了 | 助 | …た | 7 |
| le | 了 | 助 | …になった | 11 |
| lěng | 冷 | 形 | 寒い | 2 |
| li | 里 | 尾 | …の中 | 8 |
| lí | 离 | 介 | …から | 9 |
| Lǐ | 李 | 名 | 李〈姓〉 | 1 |
| liánxì | 联系 | 动 | 連絡する | 7 |
| liànxí | 练习 | 动 | 練習する | 15 |
| liáo | 聊 | 动 | おしゃべりする | 14 |
| liáotiānr | 聊天儿 | 动 | おしゃべりする | 14 |
| lièchē | 列车 | 名 | 列車 | 5 |
| lín | 淋 | 动 | 濡らす | 15 |
| línshī | 淋湿 | 动 | 濡れる | 15 |
| lìshǐ | 历史 | 名 | 歴史 | 12 |
| Liúlichǎng | 琉璃厂 | 名 | 瑠璃廠(るりしょう) | 10 |
| liúxué | 留学 | 动 | 留学する | 6 |
| liúxuéshēng | 留学生 | 名 | 留学生 | 1 |
| lǐwù | 礼物 | 名 | プレゼント | 8 |
| Lóngmén | 龙门 | 名 | 龍門，龍門石窟(りゅうもんせっくつ)の所在地 | 16 |
| Lúnyǔ | 论语 | 名 | 『論語』 | 12 |
| lǚyóu | 旅游 | 动 | 旅行する | 6 |
| **M** | | | | |
| ma | 吗 | 助 | …か | 1 |
| mǎi | 买 | 动 | 買う | 7 |
| mǎi dōngxi | 买东西 | 组 | 買い物をする | 6 |
| mǎidào | 买到 | 动 | 手に入る | 9 |
| māma | 妈妈 | 名 | お母さん | 5 |
| màn | 慢 | 形 | 遅い | 12 |
| máng | 忙 | 形 | 忙しい | 2 |
| máobǐ | 毛笔 | 名 | 筆 | 7 |
| mápó dòufu | 麻婆豆腐 | 名 | マーボードウフ | 3 |
| měi | 美 | 形 | 美しい | 8 |
| měi | 美 | 形 | 素晴らしい | 11 |
| Měiguórén | 美国人 | 名 | アメリカ人 | 1 |
| mèimei | 妹妹 | 名 | 妹 | 4 |
| měitiān | 每天 | 名 | 毎日 | 7 |
| méiyǒu | 没有 | 动 | いない／ない，持っていない | 4 |
| méiyǒu | 没有 | 动 | …ほどではない | 8 |
| mén | 门 | 名 | ドア | 14 |
| míngtiān | 明天 | 名 | 明日 | 3 |
| míngzi | 名字 | 名 | 名前 | 1 |
| **N** | | | | |
| nà | 那 | 代 | それ，あれ | 2 |
| nǎ | 哪 | 代 | どれ | 2 |
| ná | 拿 | 动 | (手に)持つ | 14 |
| nà | 那 | 连 | それでは | 9 |
| nǎ guó rén | 哪国人 | 组 | どの国の人 | 2 |
| nǎli | 哪里 | 代 | どこ | 2 |
| nàli | 那里 | 代 | そこ，あそこ | 7 |
| nǎli nǎli | 哪里哪里 | 组 | (褒められたときに謙遜して)いやいや，とんでもない | 12 |
| nán | 难 | 形 | 難しい | 7 |
| nánfāng | 南方 | 名 | 南方 | 8 |
| nánshēng | 男生 | 名 | 男子学生 | 8 |
| nàr | 那儿 | 代 | そこ，あそこ | 2 |
| nǎr | 哪儿 | 代 | どこ | 2 |
| náshǒucài | 拿手菜 | 名 | 得意料理 | 3 |
| ne | 呢 | 助 | …は？ | 5 |
| néng | 能 | 助动 | ～することができる | 11 |
| nǐ | 你 | 代 | あなた | 1 |
| nǐ hǎo | 你好 | 组 | こんにちは，おはよう | 1 |

| | | | | |
|---|---|---|---|---|
| nǐ kàn | 你看 | 组 | ご覧なさい | 8 |
| nián | …年 | 量 | …年間 | 7 |
| niàn | 念 | 动 | (声を出して)読む | 10 |
| nǐmen | 你们 | 代 | あなたたち | 1 |
| nín | 您 | 代 | あなた | 1 |
| nònghuài | 弄坏 | 动 | 壊してしまう | 15 |
| nǚshēng | 女生 | 名 | 女子学生 | 8 |
| nǚshì | 女士 | 名 | [女性に対し]～さん | 1 |

O

| | | | | |
|---|---|---|---|---|
| ò | 哦 | 叹 | ああ | 14 |

P

| | | | | |
|---|---|---|---|---|
| pǎo | 跑 | 动 | 走る | 12 |
| pǎo mǎlāsōng | 跑马拉松 | 组 | マラソンを走る | 11 |
| péngyou | 朋友 | 名 | 友人 | 7 |
| piào | 票 | 名 | 切符 | 7 |
| piàoliang | 漂亮 | 形 | きれいだ | 2 |
| píng | 瓶 | 量 | ビン | 11 |
| pīpíng | 批评 | 动 | 叱る | 15 |

Q

| | | | | |
|---|---|---|---|---|
| qiánbāo | 钱包 | 名 | 財布 | 15 |
| qiānbǐ | 铅笔 | 名 | 鉛筆 | 7 |
| qǐchuáng | 起床 | 动 | 起きる | 5 |
| qǐng | 请 | 动 | どうぞ…してください | 1 |
| qǐng | 请 | 动 | (お願いして)してもらう | 15 |
| qǐngkè | 请客 | 动 | 客を招待する | 3 |
| qiūtiān | 秋天 | 名 | 秋 | 13 |
| qù | 去 | 动 | 行く | 3 |

R

| | | | | |
|---|---|---|---|---|
| ràng | 让 | 动 | (人に)…させてあげる | 15 |
| rènao | 热闹 | 形 | 賑やかである | 13 |
| rèqíng | 热情 | 形 | 親切である | 12 |
| Rìběncài | 日本菜 | 名 | 日本料理 | 3 |
| Rìběnrén | 日本人 | 名 | 日本人 | 1 |

S

| | | | | |
|---|---|---|---|---|
| sànbù | 散步 | 动 | 散歩する | 5 |
| sǎngzi | 嗓子 | 名 | 喉 | 15 |
| shang | 上 | 尾 | …の上 | 12 |
| Shànghǎi | 上海 | 名 | 上海 | 4 |
| shàngkè | 上课 | 动 | 授業に出る | 5 |
| shàngwǔ | 上午 | 名 | 午前 | 5 |
| shàoxīngjiǔ | 绍兴酒 | 名 | 紹興酒 | 11 |
| shéi | 谁 | 代 | だれ | 1 |
| shēnghuó | 生活 | 名 | 暮らし | 11 |
| shēngrì | 生日 | 名 | 誕生日 | 11 |
| shénme | 什么 | 代 | 何，どんな(もの) | 1 |
| shēntǐ | 身体 | 名 | 体 | 11 |
| shì | 是 | 动 | である，そうです | 1 |
| shì de | 是的 | 组 | そうです | 8 |
| shì … de | 是…的 | 组 | …したのだ | 13 |
| shíjiān | 时间 | 名 | 時間 | 4 |
| shìjiè yíchǎn | 世界遗产 | 名 | 世界遺産 | 2 |
| shítáng | 食堂 | 名 | 食堂 | 2 |
| shǒujī | 手机 | 名 | 携帯電話 | 6 |
| shū | 书 | 名 | 本 | 2 |
| shǔbuqīng | 数不清 | 动 | 数えきれない | 16 |
| shūfǎ | 书法 | 名 | 書道 | 10 |
| shuìdehǎo | 睡得好 | 动 | よく眠れる | 16 |
| shǔjià | 暑假 | 名 | 夏休み | 8 |
| shùnlì | 顺利 | 形 | 順調である | 11 |
| shuō | 说 | 动 | 話す | 12 |
| shúxi | 熟悉 | 形 | 詳しい | 12 |
| Sìchuāncài | 四川菜 | 名 | 四川料理 | 3 |
| sīxiǎngjiā | 思想家 | 名 | 思想家 | 12 |
| sòng | 送 | 动 | 贈る | 11 |
| sòng | 送 | 动 | (人や物を)送り届ける | 14 |
| suì | 岁 | 量 | (年齢)歳 | 3 |
| sùshè | 宿舍 | 名 | 寮 | 14 |
| sūyóuchá | 酥油茶 | 名 | (チベット族・モンゴル族が飲む)バター茶 | 6 |

T

| | | | | |
|---|---|---|---|---|
| tā | 他 | 代 | 彼 | 1 |
| tā | 她 | 代 | 彼女 | 1 |
| tài … le | 太…了 | 组 | あまりにも…だ | 11 |
| tāmen | 他们 | 代 | 彼ら | 1 |
| tāmen | 她们 | 代 | 彼女たち | 1 |
| tàng | 趟 | 量 | 回，往復する動作の回数を数える | 16 |
| téng | 疼 | 形 | 痛い | 15 |
| tī zúqiú | 踢足球 | 组 | サッカーをする | 6 |
| tiān | 天 | 量 | …日間 | 7 |
| tiānqì | 天气 | 名 | 天気 | 2 |
| Tiánzhōng Lǐnài | 田中里奈 | 名 | 田中里奈 | 1 |
| tiàowǔ | 跳舞 | 动 | 踊る | 6 |
| tīng | 听 | 动 | 聴く | 6 |
| tǐng … de | 挺…的 | 组 | なかなか…だ | 9 |
| tīngdedǒng | 听得懂 | 动 | 聴いて分かる | 16 |
| tīngdǒng | 听懂 | 动 | 聴いて分かる | 9 |

| | | | | |
|---|---|---|---|---|
| tóngxué | 同学 | 名 | (学生に対し)～さん | 1 |
| tōu | 偷 | 动 | 盗む | 15 |
| túshūguǎn | 图书馆 | 名 | 図書館 | 2 |
| **W** | | | | |
| wàiguórén | 外国人 | 名 | 外国人 | 2 |
| wán | V＋完 | 动 | …し終わる | 9 |
| wǎngshàng | 网上 | 名 | ネット(IT 用語) | 13 |
| wánr | 玩儿 | 动 | 遊ぶ | 6 |
| wǎnshang | 晚上 | 名 | 晩 | 5 |
| wéi | 围 | 动 | 囲む | 16 |
| Wēixìn | 微信 | 名 | ウィーチャット(中国のスマートホン向けのメッセンジャーアプリ) | 7 |
| wèn | 问 | 动 | 聞く | 11 |
| wénhuà | 文化 | 名 | 文化 | 12 |
| wèntí | 问题 | 名 | 質問 | 11 |
| wǒ | 我 | 代 | 私 | 1 |
| wǒmen | 我们 | 代 | 私たち | 1 |
| wǔfàn | 午饭 | 名 | 昼食 | 5 |
| **X** | | | | |
| xià chē | 下车 | 组 | 下車する | 5 |
| xià yǔ | 下雨 | 组 | 雨が降る | 13 |
| xiàkè | 下课 | 动 | 授業が終わる | 10 |
| xiǎng | 想 | 助动 | …したい | 3 |
| xiàngdǎo | 向导 | 名 | ガイド | 1 |
| xiānsheng | 先生 | 名 | [男性に対し]～さん | 1 |
| Xiǎo Lǐ | 小李 | 名 | 李さん | 5 |
| Xiǎo Wáng | 小王 | 名 | 王さん | 14 |
| xiǎojiě | 小姐 | 名 | [若い女性に対し]～さん | 1 |
| xiǎoshí | …小时 | 量 | …時間 | 7 |
| xiàtiān | 夏天 | 名 | 夏 | 13 |
| xiàwǔ | 下午 | 名 | 午後 | 5 |
| xiě | 写 | 动 | 書く | 8 |
| xiě zì | 写字 | 组 | 字を書く | 12 |
| xiěhǎo | 写好 | 动 | 書き上げる | 9 |
| xièxie | 谢谢 | 动 | ありがとう | 1 |
| xǐhuan | 喜欢 | 动 | 好き | 10 |
| xǐjiǔ | 喜酒 | 名 | 婚礼の時の祝い酒 | 13 |
| xìn | 信 | 名 | 手紙 | 8 |
| xìng | 姓 | 动 | 苗字は…である | 1 |
| xìngfú | 幸福 | 形 | 幸せである | 11 |
| xíngli | 行李 | 名 | 荷物 | 14 |
| xīngqī jǐ | 星期几 | 组 | 何曜日 | 3 |
| xīngqīliù | 星期六 | 名 | 土曜日 | 3 |
| xīngqītiān | 星期天 | 名 | 日曜日 | 9 |
| xīnláng | 新郎 | 名 | 新郎 | 13 |
| xīnnián | 新年 | 名 | 新年 | 11 |
| xīnniáng | 新娘 | 名 | 新婦 | 13 |
| xiōngdìjiěmèi | 兄弟姐妹 | 名 | 兄弟姉妹 | 4 |
| xióngmāo | 熊猫 | 名 | パンダ | 1 |
| xǐtáng | 喜糖 | 名 | 婚礼の時に配る祝いのあめ | 13 |
| xiūxi | 休息 | 动 | 休憩する | 6 |
| Xīzàng | 西藏 | 名 | チベット自治区 | 5 |
| xué | 学 | 动 | 学ぶ | 5 |
| xuésheng | 学生 | 名 | 学生 | 1 |
| xuéxí | 学习 | 名·动 | 学習(する) | 11 |
| xuéxiào | 学校 | 名 | 学校 | 3 |
| **Y** | | | | |
| yào | 要 | 助动 | 必ず…する | 13 |
| yào | 要 | 动 | かかる | 8 |
| yě | 也 | 副 | …も | 2 |
| (yì) biān (yì) biān ~ | (一)边…(一)边～ | 副 | …しながら～する | 14 |
| yǐ chá dài jiǔ | 以茶代酒 | 组 | お酒の代わりにお茶を飲む | 13 |
| (yì) diǎnr | (一)点儿 | 数量 | 少し | 15 |
| yī ··· jiù ~ | 一…就～ | 组 | …するとすぐ～ | 13 |
| yīfu | 衣服 | 名 | 服 | 6 |
| Yíhéyuán | 颐和园 | 名 | 頤和園 | 9 |
| yǐhòu | 以后 | 名 | 以後，これから | 7 |
| yīnghuā | 樱花 | 名 | 桜の花 | 7 |
| Yīngyǔ | 英语 | 名 | 英語 | 8 |
| yīnyuè | 音乐 | 名 | 音楽 | 6 |
| yìqǐ | 一起 | 副 | 一緒に | 3 |
| yíxià | 一下 | 数量 | ちょっと | 8 |
| yòng | 用 | 介 | …で | 12 |
| yòng | 用 | 动 | (時間・金銭が)かかる | 16 |
| yǒngyuǎn | 永远 | 副 | いつまでも，永遠に | 13 |
| yǒu | 有 | 动 | (何々・誰々が)いる／ある，持つ | 4 |
| yóukè | 游客 | 名 | 観光客 | 2 |
| yǒumíng | 有名 | 形 | 有名である | 12 |
| yóuyǒng | 游泳 | 动 | 泳ぐ | 10 |
| yuǎn | 远 | 形 | 遠い | 8 |
| yuè ~ hào | 月～号 | 组 | …月～日 | 3 |
| yúkuài | 愉快 | 形 | 愉快である | 11 |

## Z

| | | | | |
|---|---|---|---|---|
| zài | 在 | 动 | (どこどこに)いる/ある | 4 |
| zài | 在 | 介 | …で | 5 |
| zài | 再 | 副 | 更に | 7 |
| zài + V | 在 + V | 副 | …しているところだ | 6 |
| zánmen | 咱们 | 代 | 私たち | 3 |
| zǎofàn | 早饭 | 名 | 朝食 | 9 |
| zǎoshang | 早上 | 名 | 朝 | 5 |
| zěnme | 怎么 | 代 | どのように | 9 |
| zěnme | 怎么 | 代 | どうして | 14 |
| zěnmeyàng | 怎么样 | 代 | どうですか | 9 |
| zhāng | 张 | 量 | (切符，紙などを数える)枚 | 7 |
| zhāngkāi | 张开 | 动 | 開ける | 15 |
| zháoliáng | 着凉 | 动 | 寒さにあたる | 15 |
| zhàopiàn | 照片 | 名 | 写真 | 8 |
| zhàoxiàng | 照相 | 动 | 写真を撮る | 6 |
| zhè | 这 | 代 | これ | 2 |
| zhe | V + 着 | 助 | …している，してある | 16 |
| zhège | 这个 | 代 | この | 11 |
| zhèli | 这里 | 代 | ここ | 2 |
| zhème | 这么 | 代 | こんなに | 8 |
| zhēn | 真 | 副 | 本当に | 2 |
| zhèxiē | 这些 | 代 | これら(の) | 16 |
| zhèngzài + V | 正在 + V | 副 | ちょうど…しているところだ | 6 |
| zhǐ | 纸 | 名 | 紙 | 7 |
| zhī | 枝 | 量 | ～本(ペンなどを数える) | 7 |
| zhīdào | 知道 | 动 | 知る | 12 |
| zhìyuànzhě | 志愿者 | 名 | ボランティア | 1 |
| zhǒng | 种 | 量 | 種類 | 16 |
| Zhōngguócài | 中国菜 | 名 | 中国料理 | 3 |
| Zhōngguójiǔ | 中国酒 | 名 | 中国のお酒 | 11 |
| Zhōngguórén | 中国人 | 名 | 中国人 | 1 |
| zhōngwǔ | 中午 | 名 | 昼 | 5 |
| zhōngyào | 中药 | 名 | 漢方薬 | 15 |
| zhōngyī | 中医 | 名 | 漢方医 | 15 |
| zhù | 住 | 动 | 泊まる | 7 |
| zhù | 祝 | 动 | 祈る | 11 |
| zhuōzi | 桌子 | 名 | 机 | 14 |
| zì | 字 | 名 | 文字 | 16 |
| zìjǐ | 自己 | 名 | 自分 | 16 |
| zìxíngchē | 自行车 | 名 | 自転車 | 14 |
| zǒu | 走 | 动 | (出発して)行く | 9 |
| zǒu | 走 | 动 | 歩く | 14 |
| zuǐ | 嘴 | 名 | 口 | 15 |
| zuìjìn | 最近 | 名 | 最近 | 9 |
| zuò | 做 | 动 | 作る，料理する | 3 |
| zuò | 坐 | 名 | 乗る | 7 |
| zuò | 坐 | 动 | 座る | 6 |
| zuò | 座 | 量 | 山・橋・宮殿など大型のものを数える | 16 |
| zuò cài | 做菜 | 组 | おかずを作る | 12 |
| zuò fàn | 做饭 | 组 | ご飯を作る | 13 |
| zuò zuòyè | 做作业 | 组 | 宿題をする | 5 |
| zuòdewán | 做得完 | 动 | し終えられる | 16 |
| zuótiān | 昨天 | 名 | 昨日 | 3 |

監修者紹介

遠藤光暁
東京大学大学院修了，北京大学中文系に留学，
現在青山学院大学教授

著者紹介

衛　榕群
北京師範大学外語系卒業，同大日本語科専任
講師を経て現在龍谷大学非常勤講師

汪　暁京
北京師範大学外語系卒業，同大外語系専任講
師を経て現在大阪芸術大学非常勤講師

コラム執筆・写真提供：陳靖国
イラスト：柳葉コーポレーション

---

入門 カレント中国

---

検印
廃止

© 2019年1月31日　初版発行

監修者　遠藤光暁
著　者　衛　榕群
　　　　汪　暁京

発行者　原　雅　久
発行所　株式会社　朝日出版社
東京都千代田区西神田 3－3－5
電話(03)3239-0271・72(直通)
http://www.asahipress.com
組版・印刷　倉敷印刷

---

乱丁，落丁本はお取り替えいたします

ISBN978-4-255-45313-2 C1087